リンカン

――「合衆国市民」の創造者

紀平英作
Eisaku Kihira

Eurus
Notus
Boreas
Zephyrus

岩波新書
2054

はじめに

一九世紀の半ばは、国民国家の政治社会構造が世界的規模に広がった、近現代世界史の重要な転換期として改めて記憶されるべきであろう。

一八四八年、ヨーロッパ大陸は「諸国民の春」と呼ばれた民族的、革命的潮流に覆われた。政治統合を求める民衆的気運の盛り上がりに対し、王が定める欽定憲法体制を対置して領土の拡大、ドイツ統一を目指したのが、プロイセン王国であった。鉄道と軍事力の拡大を軸とした、徹底した上からの「近代化」への道であった。

このヨーロッパにおける動きは、領域の国内法を統一し、中央統治機構を拡充しようとする、二〇世紀にまで引き継がれる近代ナショナリズムの勃興であった。この事態に、ヨーロッパ外で素早く反応したのが、大西洋の西、アメリカ合衆国であった。

人民の共和国を標榜する若い国でも、すでに一八三〇年代から鉄道建設が民間で始まり、経済社会の近代化が説かれた。交通網の拡大を機に領土の稠密《ちゅうみつ》化を求め、義務教育制度の整備など、文化の統合を企画する動きが噴き上がっていた。

本書の主人公リンカンを含めて、新たなエネルギーを牽引する政治指導層が台頭し、連邦機構の改革を模索した。しかし、プロイセンが統合過程で普墺戦争また普仏戦争に直面したように、一九世紀半ばの合衆国の統合も、抵抗勢力の打破なくして成就しがたかった。アメリカは一八六一年に、四年にわたる激烈な内戦に突入していった。

内戦は、合衆国の再統合をもたらしたが、同時に他の多くの近代国家と同様に、新たな国家の内部に厳しい文化対立や処理できない社会問題を圧縮していった。内戦がとりわけ宿弊の奴隷制の廃止に関わったために、たとえば人種の問題が新統合国家の内部に凝縮されたからである。しかしいずれにせよ合衆国も、一八七〇年代には近代国民国家建設に向けての態勢を整え、世紀末の爆発的な工業化によって、イギリスと競合する帝国主義的世界戦略を企画し始めていた。

その間、英帝国の侵入を受けた東アジアにおいても、長く鎖国を続けた江戸幕藩体制が崩壊し、また太平天国の乱に象徴される清国の動揺が広がり、近代国家編成に向けての潮流が隆起した。朝鮮もまた、清に対する朝貢関係の破棄を迫られた。二〇世紀に本格的に開花する世界のグローバル化、資本主義化を伴う近代化、そして統治機構としての国民国家体制への道のりは、こうした一九世紀半ばからヨーロッパ大陸、北アメリカ大陸、そして東アジアさらには西アジアで目指された新しい近代国家体制にむけての政治的、社会的変動によって、地球大に広がり始めたものであった。

本書は、その近代世界の中心にいたアメリカ第一六代大統領、エイブラハム・リンカン(Abraham Lincoln, 一八〇九―六五)の生涯を辿り、彼が目指した奴隷制の廃止の他、合衆国の統合の有様を、近現代世界形成に向けた枢要な一局面として描くことを目標としている。

ちなみにリンカンが没した三年後の一八六八年、王政復古を宣言した日本明治維新政府は、開国のきっかけとなったペリー艦隊来航から一八年後となる七一年、幕末締結の安政不平等条約の改定を目論んで遣米欧使節団を派遣した。横浜を東に出航した岩倉使節団は、ユタからは、勇躍四五〇〇キロ超の鉄路を、数日の間に通過しワシントンDCに到着した(七二年二月)。内戦(南北戦争)末期、リンカンらによって建設が承認され、六九年五月に完成した大陸横断鉄道、ユニオンパシフィク・セントラル鉄道であった。「シャーマン将軍」とよばれた巨大機関車が十数両の無蓋《むがい》貨車・貨物列車、さらに一〇両前後の客車を牽引して、サクラメントからオマハまでに至る、まさに世界最強、最長の巨大鉄道であった。

使節団はその速さ、巨大さに驚愕せざるを得ず、所期の不平等条約改定という目標を先送りしてヨーロッパを回覧、帰国し、木戸孝允、大久保利通らは富国強兵に目標を掲げ直した。多くの制度を、上からの統合を進めたドイツから学ぶ道であったが、一方で内戦をへた一九世紀後半のアメリカは、イギリス、ドイツあるいはロシアとも全く異なるタイプの近代を示すことで、明治以降の日本に深い衝撃を与え続けた。

それは、近世とはがらりと変わる近現代東アジア国際関係の創出過程であった。リンカンは、太平洋から東アジアに独自の関心を寄せた、アメリカ最初の大統領の一人にも他ならない。そのような意味でリンカンについては、日本人の誰もが一度は耳にした人物であろう。しかし、彼の足跡と業績については意外に、知られていない。

たしかにリンカンは近代世界を創り出すうえで決定的な役割を演じた政治家であったが、その重要さは特定の意味に限ったものではなかった。むしろ彼の特徴は、広い視野の近代国家の指導者として、類まれなまでの想像力を持った点であった。それゆえに彼の生涯は、栄誉に包まれたというより、わたしはむしろ苦闘に満ちていたとさえ考えている。

リンカンは間違いなく格闘していた。また苦闘の中で変化していた。問題は彼が、なにと格闘したかであった。五十余年の彼の生涯と思索を辿りながら、二〇世紀に向けてアメリカが歩んだすさまじい統合過程と、現代にも及ぶ国民国家の意義を紐解いてみたい。

合衆国の首都ワシントン DC の中心，ナショナル・モールの西に立つリンカン記念堂に置かれたリンカン像．上には，「この記念堂には，ユニオンの救済者に捧げる人民のまごころと共に，エイブラハム・リンカンの記憶が永遠に安置される」と刻まれている

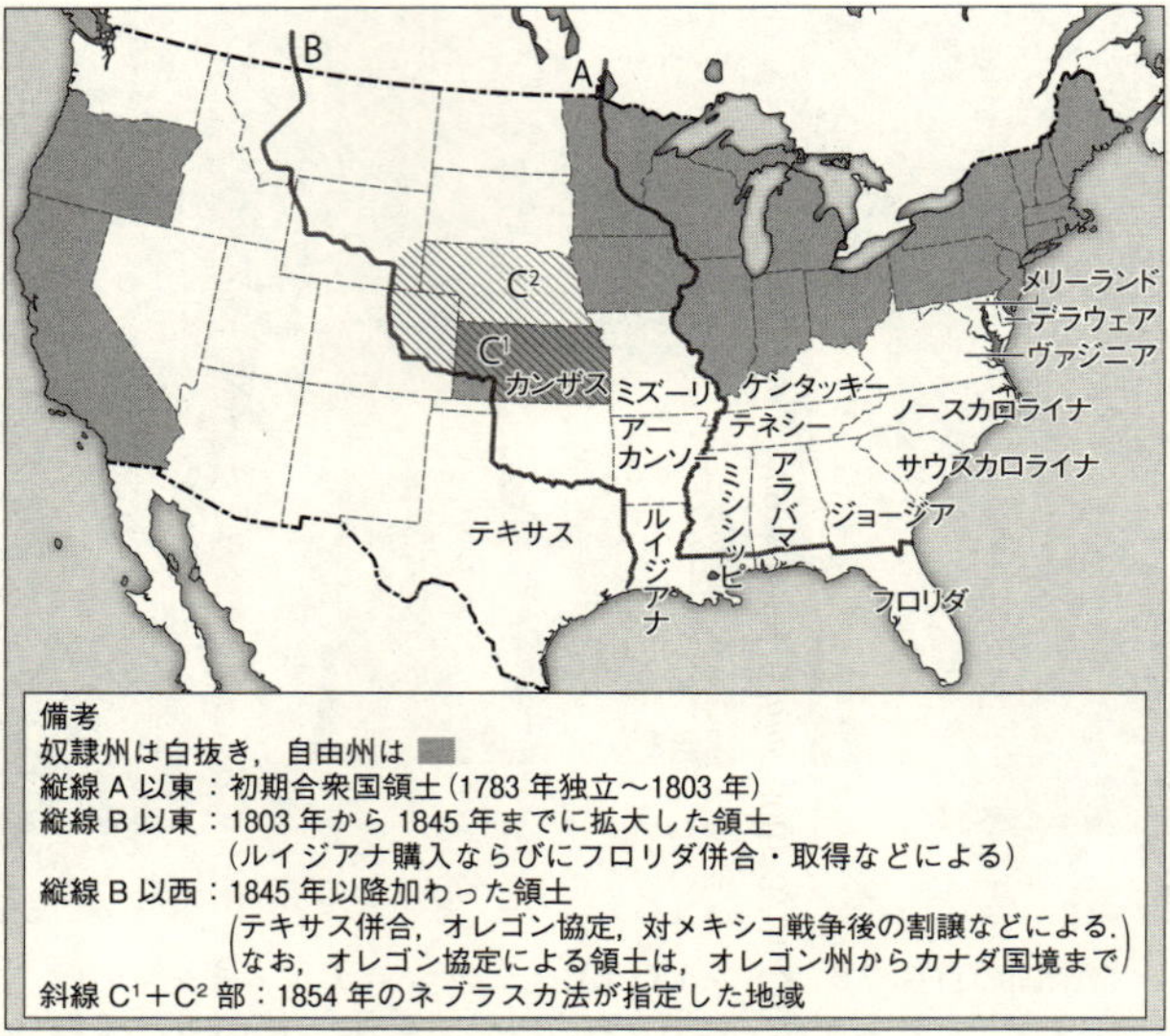

アメリカ革命から内戦直前に至るまでの合衆国領土の拡大，および奴隷州と自由州の分布(筆者作成)

凡　例

一．一八六一年から六五年までの合衆国内の戦争は、日本で「南北戦争」と表記されてきた。誤りではないが、合衆国では内戦 the Civil War と表現される。本書も、合衆国の内なる苦闘として描く趣旨から、「内戦」の表現を多く用いる。

二．本書は注記を簡略化する趣旨から、巻末に史料、参考文献の一覧を挙げ、本文中では、典拠がわかるだけの表記にとどめている。

三．本書に記される地域「北西部」は、建国以来アパラチアからミシシッピ川にいたるオハイオ、インディアナ、イリノイなどを呼ぶ歴史的表現であった。一九世紀中ごろ以降、中西部と呼ばれることになる。

四．史料のうち以下の四点は、上端の略記号で表示する。

CG: U. S. Congress, *The Congressional Glove*, 30th–37th Cong., 1847–1865（the Globe Office for the editors）.

CW: Basler, Roy P., ed. *The Collected Works of Abraham Lincoln*, 8 vols. and Index.

WCS: Charles Sumner, *The Complete Works of Charles Sumner*, with introduction by Hon. George Frisbie Hoar, 20 vols.

*N&H*1: Nicolay, John G., and John Hay, *Abraham Lincoln: A History*, 10 vols. なお1は vol. 1 を意味する。

目　次

序　章

時代と，運命を背負って

1862年10月3日，メリーランド州西部の激戦地アンティタム本営での大統領リンカン(右)．身長193センチの長身が際立つ――なお，リンカンと向かい合っている左の軍人は，北軍ポトマック軍指揮官ジョージ・マクレラン．両者の微妙な関係には本論で触れる

運命を背負って

アメリカ革命、そして合衆国建国の基礎となった一七八七年の憲法は、ヨーロッパの近代が生み出した「自由な市民社会」と「奴隷制社会」の二つが互いに干渉することなく、平行して拡大することを国家統合の基本原理にすえた独特の体制であった。筆者はそれを、一八世紀後半までの植民地の形成過程が生んだ「建国憲法体制」と呼び、そこに貫かれた原理を「平行主義」と表現した（拙著『奴隷制廃止のアメリカ史』）。

今少し子細に言えばそこでいう「平行主義」の憲法体制とは、合衆国が一九世紀に向けて領土的にまた生活空間としても急速に膨張する期待を前提において、「自由な市民社会」と「奴隷制社会」とが互いに干渉せず、それぞれ西にむけて拡大することに配慮するという、二元的政治社会体制として構築された。自由州と奴隷州とが連邦内で数的にほぼ均衡して増加するよう考案されていたことが、その平行性を形の上でも示していた。住民自治また州自治が謳われたその二元的体制は、建国の指導者によって極めて緻密に造り上げられた想像の共和国を通して、異質な制度を抱えながら維持されていくというものであった。

領土は膨張する。各々の生活空間は初期の開拓期から、やがて来る成長・拡大期でも、互いに干渉するより自らの領域の充実に専心するだろう。起こる対立も妥協によって処理できるはずだ。たとえば一九世紀前半、自由州マサチューセッツを基盤に南北の協調を説いた連邦上院議員ダニエル・ウェブスター(一七八二－一八五二)は、まさにそうした妥協さらには調整によって連邦体制が長期にわたって生き続けると信じた、第一次憲法体制を体現する政治家であった。

しかし、建国からおよそ三世代目の七〇年余がたち、かつての妥協の政治家ウェブスターさらにはヘンリー・クレイ(一七七七－一八五二)といった第二世代の政治指導者が鬼籍に入ったころから、自由州、奴隷州それぞれの政治と社会は独自の統合原理を従来以上に強く自己主張し、平行的であったはずの二元的体制は軋轢《あつれき》に苛まれていった。とくに一八四六年に始まる対メキシコ戦争を通して、合衆国領土がオレゴンさらにカリフォルニアという太平洋岸にまで拡大した時から、北部と南部、双方が生み出す軋みは新しい西部領土を舞台にした「奴隷制の膨張」という論点を生み出した。争点は急速に苛烈化し、南北いずれもが、かつての平行主義的二元主義、妥協の原理に戻ることは容易でないと感じる緊張状況が昂進した。

一八五〇年代末、張り詰めた気運が臨界に達したとき、南部奴隷州指導者は連邦の維持という建国の盟約をついに破り棄てた。南部連合国の結成——、それは一一の州が連邦からの離脱を求め、キューバなどのカリブ海域あるいはメキシコへと、より純粋なアメリカ奴隷制国家へと飛躍しようとした一つの選択肢であった。しかし問題は連邦の北部に成長していた自由州の動向であった。

一九世紀に入って南部より人口増加が急速で、二〇州に至った自由州の政治家は、南部奴隷州と同様に経済的また社会的な拡張を追求し、しかも自らを近代化の使徒と捉えた点でいっそう膨張的であった。南部の離脱は、彼らの統一国家意識、連邦拡張主義の立場からはいかなる意味でも受け入れ難かった。

しかし、その一方で五〇年代、彼らは建国以来の「平行主義」である建国憲法体制を依然として信奉した。奴隷を財産と捉える一七八七年憲法を護持する限り、彼らには、「奴隷制の廃止」、とくに無償廃止という「暴力的」、「非合法」な危機克服手段は思いもつかなかった。そのため、北部自由州政治指導者が抱え込んだ苦悩は、内戦前夜かつてない政党の動揺をもたらすまでに深刻化した。

リンカンが、ほんの二〇年前までフロンティアであった新興の北西部イリノイ州を基盤に、連邦規模の政治家を目指したのは、まさにその激流の渦中であった。初期の彼は、五〇年代半ば共和党の結成に動いた北部政治家、たとえばニューヨーク州選出連邦上院議員ウィリアム・スワード(William H. Seward)に比べて、とくに急進的であった訳ではなかった。そうじて華麗で過激な言説を好んだスワードに比べれば、少なくとも当初は、穏健で保守的であった。しかし、建国憲法体制に執着し、最後まで奴隷制の即時無償廃止を言い出せなかったスワードと違っていたのは、リンカンが「平行主義」を基礎とした一七八七年憲法の限界を、比較的早く見通す優れた歴史感覚を持った点にあった。筆者はそのリンカンの歴史感覚を「時代の課題に対する図抜けた想像力」と捉えて、彼の最大の特質と考えたい。

一八六一年四月、南部奴隷州の離脱から始まり六五年四月まで続いた内戦を通して、合衆国は奴隷制を廃止し、市民社会としての一元化を目指すこととなる。そのためには憲法を修正し、鎖に繋がれた黒人奴隷を北部が育んだ市民社会のうちに包摂していくしかなかった。リンカンは内戦に入り一年半程度の時期からその変化の必要性を読み取った点で、時代の政治思想でははっきり急進的立場に軸足を移した政治家となった。

一口で言えば時代が、リンカンを求めたといってもよい。しかし、転換期の歴史が常にそうであるように、時とは、政治家のすべてを育て上げる訳ではない。政治家おのおのがそれまでに磨き上げてきた圧倒的な感性と知力がなければ、時代を回転させる作業はなしえなかった。リンカンの生涯はその優れた知性と啓蒙的感性を育て上げた稀有の事例であった。

「わが国政治制度の将来」

一八〇九年生まれのリンカンは一八一〇年代から二〇年代前半にかけて、家族と共に北西部フロンティアの荒々しい大地と格闘する、貧困生活のなかで育った。しかしその泥まみれの、余裕のない青年期から彼は、政治家を、自らを含む普通の人びとが将来選択してよい、有力な人生の選択肢とみなしていた。

政治家をそのようにごく身近なものとみる感覚を培ったのは、一九世紀前半、建国からまだ数十年しか経たない共和政国家・合衆国の特異な民衆的政治状況にあった。一八二〇年代には、多くの州で男子普通選挙制度(以下、普選と略記。ただしこの場合白人に限定されたもの)が導入されていた。一八〇九年生まれのリンカンに即していえば、彼が青年期を過ごしたインディアナは州昇格時の一六年に、そしてさらに移住したイリノイも一八年に普選を導入した。近代に向かって驀進に近い変貌を開始したアメリカ社会は、民衆的政治状況を求心力に、下から噴き上げる巨大なエネルギーを汲み上げながら、向こう見ずなまでの近代化を目指していた。

実際リンカンは、単身イリノイのニューセイラムに定住した一年後の三二年に、まだ知人がさほど多くないその小屯《しょうとん》を基盤に、イリノイ州議会選挙に立候補した(二三歳)。さすがにその年には敗れはしたが、次の三四年には当選し、ほどなくイリノイ州議員を踏み台に連邦議会へと進出する機会を窺った。興味深いのは、彼が、そうした自らの生き方を、アメリカ革命に発する特異な伝統として、早い時期から積極的に概念化した点であった。いわばその理念化を通して彼は、政治と国家は民衆が携わるものとする際立った歴史意識を培った。

若き日の彼の政治思想を彷彿させる最も古い史料として、重要な言説を初めに紹介しておきたい。三年に及ぶ独学を経てイリノイ州弁護士の資格を取り(三六年九月)、さらに州議会議員として再選された直後、二八歳の彼が行った演説である。人生の進路が明確となり始めた三八年一月、彼は、イリノイ州スプリングフィールドで開かれたホイッグ党青年文化会に集う同世代の聴衆を前に、「わが国政治制度の将来」という、田舎青年にはやや身の丈を越える大テーマで熱弁をふるった(CW1, 108-115より。以下、青年団演説と略記)。

冒頭彼は合衆国政治の基盤を説明する。「一八世紀後半にイギリスの暴政を打倒して組織されたわが国は、その存在そのものが、世界の人民の希望に他ならない。建国の父たちが肥沃なこの大地に打ち立てた「市民の自由と平等の権利」、また「宗教的自由」を重んじる「人民自身による自己統治」という歴史的政治実験を、われわれは受け継いでいる」。

このようにリンカンは、「市民的自由」そして「宗教的自由」という啓蒙の論理にくわえて今一つ、「平等の権利」という太い軸を据えて、合衆国政治の概容を人類の未来を照らす稀有な「人民の自己統治」実験と位置付けた。ちなみにその論理は、一八三〇年代に入って主張され始めたアメリカン・ナショナリズム思想の根幹にある理念であり、多くの人物が同種の議論を展開したが、リンカンはまさに最も草深い地からその主張を鼓舞する、若きナショナリストとして登場した。

しかも特徴的であったのは、そうした歴史的役割を意識する一方で、「われわれの世代はアメリカ革命からすでに五〇年以上経過した位置にある」と、自らの存在を客体化してみせる独特の歴史感覚を示した点であった。「建国の指導者はすでに鬼籍にあり、革命期の熱情も過去となった。どのような制度も時の経過と共に危機に晒されるが、とくに人民の自治という政治は、歴史的にみても脆《もろ》い実験であり、その不安定化の兆候は、すでにこの国にもあちこちに現れている」——。同時期にアメリカを訪れたフランスの政治思想家アレクシ・ド・トクヴィルは、「アメリカ民主主義」の孕む最大の危険として大衆統治の群衆性を指摘したが、実はそんなエリート貴族に教わることもなく、リンカンは三六年にまさにその群衆性の問題に触れていた(トクヴィル『アメリカのデモクラシー』一巻一八三五年、二巻四〇年に出版)。

リンカンは高唱している。「政治制度としての人民自治の制度は自らの民主的性格の故に常に深刻な危険を内在する。権威や拘束から解き放たれた人々の情熱は、統合規範を失ったときいたずらに情緒的な煽動に押し流され、法の尊厳を軽んじる衆愚的心理 mobocratic spirit に引きずられやすい。自治が孕む先の陥穽には、人民の激情を煽る独裁的僭主の危険がたえず内在しているのだ」。

アメリカ政治と社会が孕む情緒的群衆性を摘出する若きリンカンは、それに立ち向かう新しいアメリカン・ナショナリストとしての立ち位置を構築しようとした。「アメリカ革命の熱情、記憶は薄らぎ、人民の情熱だけに頼ってわが国の自由の制度を守ることは困難だ。代わってわが国制度の柱となるべきは、冷静で分別のある知性、そして健全な道義に裏打ちされた法への信頼の精神である。知性と法の精神を鍛え、行きわたらせることが人民の自治の永続化を目指すうえでなにより肝心なのだ」。

刺激的演説であった。傍聴者の規模は分からないが、講演全文をスプリングフィールドのホイッグ党系地方紙『サンガモン・ジャーナル』が掲載した(一八三八年二月、後継紙『イリノイ・ステート・ジャーナル』)。同紙との長い付き合いの始まりでもあった。

リンカンの根幹的政治思想

多くの歴史家、たとえば一九世紀アメリカ政治史のウィリアム・ジーナップは、リンカンの生涯を支えた特徴の一つに彼の保守性をあげる。青年団演説に現れた秩序と法の支配を説き、無軌道な感情的行動を戒める態度などである。合衆国が目指す至上の政治原理たる「人民の自治」は、順法精神を伴う知的なものでなければならない、それが文明なのだと語る点で、たしかにリンカンは貧しかった青年期にそぐわぬほどに、政治と社会のあり方について穏健な、法規律の構築を説く青年であった。

しかし、民主主義が陥りやすい群衆性に警戒の眼差しを注ぐ一方で、青年団演説はリンカンが秘めたいま一面の特徴を伝える。それは、彼がアメリカ革命に繋がる強烈な思想的原点を持ち、その信念に関わる政治的社会的問題では、慎重であっても思いがけないほどに伸びやかな思考を示した点であった。

演説で彼は、アメリカ民主主義はあらゆる意味で、社会的かつ政治的な「平等の権利」に根源を持つと語った。トクヴィルが言った「機会の平等」にとどまらず、「平等の権利」をそこまで強調する立場は、一九世紀前半でも決して普遍的でなく、むしろ一八二九年に成人に達したリンカンの独特の政治意識を表現した。

たとえば三六年、リンカンはイリノイ州議会議員に初当選した選挙でとくに政治的権利の平等を宣明し、婦人参政権を受け入れるような文面を公表した。ジャクソニアン民主主義は「税を払い武器をとる」成人白人男子には、当然のごとく選挙権を与える文化である。しかし、そうであれば、普選は「けっして女性を排除するものではない」という追記であった(CW1, 48より)。おそらくこの追記は、普選という制度枠から除かれていても、女性たちの意思が尊重されねばならないとする確信の表現だったろう。

家族を社会的自治の最小単位とみなし、男性家長に財産権などが優先的にあるとする性分離の理念が強まっていた一九世紀前半、青年リンカンがその通念の枠外にいたとする証拠は少ない。ただその一方で彼は三〇年代初めには、ニューヨーク州北部を中心にアメリカに始動した婦人参政権運動の主張をすでに読んでいた。

単に読むばかりか、おそらくフロンティアの日常では、家族という概念もあくまで現実的に解釈されねばならなかったのだろう。生活ばかりか生産共同体としても、婦人労働が欠くことのできない社会性を持つ日常で、リンカンは、民衆生活の実態に即した平等を、性の上でも捉える柔軟性を持った。それは素朴という以上の知的想像力であった。

奴隷制について

やがて二〇年後に最大の争点となる奴隷制に関しても、リンカンの感性は一八三〇年代半ばの時期から、保守的という整理からは一部はみ出していた。その時期、ニューイングランドまたニューヨーク州を起点に、奴隷制の即時無償廃止を説くアボリショニズム運動が胎動し、その主張を社会混乱に繋がるものとみなす住民との間に深刻な衝突が生じていた。イリノイでも三七年一一月、州南部で活動したアボリショニスト、イライジア・ラブジョーイ(一八〇二—三七)を群衆が襲撃し、射殺する重大事件が発生した。

じつはリンカンの青年団演説は、その事件の二か月後であった。彼は身近で起こった事件への認識を機敏にまとめている。「どれほど意に沿わぬことであっても、群衆暴力によって解消してよい不満など絶対にない。アボリショニズムの主張が邪悪だと証明されるのであれば、法がそれを禁止すべきであろう。しかし、そうでない以上、彼らの言説は自由であり、あらゆる法と善良な市民によって保護されるべきものだ」。

その時期のリンカンは決して後のような奴隷制廃止論者であった訳ではない。ただ、それとは別に注目してよい事実は、たまたま青年団演説に先立つ一八三七年三月、彼が、民主党の優勢なイリノイ議会でとった行動であった。議会はその月、南部各奴隷州の要請を受けて、奴隷制即時廃止論者を憲法規定上認められないと告発する、州議会決議を採択した。しかしリンカンは、決議に二点の留保をつける独自の意向を表明した(CW1, 74-75より)。

一、「声高な奴隷制即時廃止論の喧伝が合衆国社会の安定に悪影響を及ぼすと考える点では、私も決議文に同意見で採択に反対ではない。ただし、奴隷制度は本質的な意味で不正義であり、社会制度として望ましくないとする立場を私は明確に表明したい」。

二、「連邦議会が、奴隷州の制度に介入する権限を持たないとみる州決議の立場も正当であり否定はしない。しかしそれとは異なり、首都ワシントンにある奴隷制度については、同地が連邦直轄地だという意味で、議会が関与の権限を持ち、手続きをふめば廃止できるというのが私の立場である」。

歴史家のエリック・フォナーによると、リンカンがのちに代表的論客となる自由労働と呼ばれる主張は、次のような内容を含む思想であった。個人が自らの身体を制御し、自立した立場で運命を切り拓いていく。それが人類のめざす普遍的自由の基盤であり、契約による以外に、他者から身体や精神の拘束を受ける状況は許されない。この言説には、それが人類の目指す普遍的な願望なのだとする主張が含意された点で、まごうことのない思想性と政治性があった。一八三八年、リンカンがそこまでの思想的成熟に達していたとは言えないが(後述)、少なくとも早い時期から彼が、奴隷制は正義に悖《もと》ると捉えていたことは確かであった。

自力独行の青年としてリンカンは、自由な労働への熱い思いをたぎらせ、対極として、身体と意思を拘束する奴隷制への違和感を強めた青年であった。

自由へのその思いは、自らを圧政に抗したアメリカ革命の継承者であるとみなす歴史観と結びあい、奴隷制ばかりか、多くの市民たとえば女性に対しても、自由と平等という視点から公正でありたいとする倫理観を育んだ。その公正という倫理観、またその精神に裏打ちされた社会認識の伸びやかさは、後年のリンカンの成長を見通すうえでやはり見逃しがたい特質であったろう。

リンカンは、そうした意味でのすこぶる自覚性の高い、そして強烈な抱負と野心を持つ青年として政治世界に踏み出していた。

ただし、そこまでの自覚的な政治的態度は、彼がより多くの経験を積むなかで、しかも複雑な課題に直面したときにやがて精彩を放った属性であり、青年団演説時点での彼は原石であって、その潜在力を磨き上げるほどの洗練さを備えていた訳ではなかった。

しばらくは、荒々しいフロンティアに生きた若者の、格闘的生い立ちを跡づけることから、アメリカ的近代の始発点を見据えていこう。

第1章

フロンティアに生きて 1809～48年

リンカン，1848年，連邦下院議員であった39歳ごろのもの．彼の最も早い肖像写真とされる．長年，彼の家に掲示されていたものであった

リンカン略年表(1849年まで)

1809	2.12	ケンタッキー州ホーゲンヴィルに生まれる
16	12.	父トーマス・リンカン，インディアナ州に移住
18	10.5	母ナンシー，ミルク病で死亡
19	12.2	父トーマス，サラ・ジョンストンと再婚
28	春	リンカン，平底船の船乗りとしてミシシッピ水運の運搬を引き受け，ニューオーリンズに行く
30	3.	父ほかリンカン家族，イリノイ州メーソン郡に移住
31	7.	リンカン，単身イリノイ州の小屯ニューセイラムに住み始める
32	3.	イリノイ州議会選挙に立候補
	4〜7.	ブラック・ホーク戦争に従軍
34		法律の勉強を始める
	8.4	イリノイ州下院選挙に当選
	8.12	初登院．以後42年まで4期
36	9.9	弁護士資格を取得
37	3.1	公式に弁護士として登録される
	4.15	スプリングフィールドに転居，ジョン・スチュアート法律事務所にジュニア弁護士として就職
38	1.27	イリノイ州スプリングフィールドでの青年団集会で演説
41	4.	スチュアート事務所を辞め，独立
42		州議会への再選を求めず
	11.4	メアリー・トッドと結婚
43	8.1	長男ロバート誕生(その後4男まで．次男は50年死去)
44		リンカン夫妻，自宅を購入，1階を法律事務所に
	12.	W・ハーンドンを法律事務所のパートナーに迎える
46	8.3	イリノイ州第7区から連邦下院議員に当選
47	12.3	ワシントンDCに移り，連邦下院に初登院
49	3.4	任期終了，スプリングフィールドに戻り弁護士業再開

第一節　フロンティアを這いずるように

「若きアメリカ」の申し子として

リンカンが生まれたのは、アメリカ革命の最中から、土地取得に貪欲であったヴァジニア人が西のアパラティア山脈に踏み入り入植した、森深きケンタッキーであった。大河オハイオ川にそそぐノーラン川クリーク沿いに開かれたリンカンの生地ホーゲンヴィルは、内戦まで奴隷州であった南部の最北端にあたる地勢的には良好な土地であった。

しかしリンカンの父トーマス・リンカンは、息子リンカンが七歳となった一八一六年、開拓地での地権争いに敗れ、家族と共に馬を引きホーゲンヴィルを離れざるを得なかった。最初に向かったのは、一六キロ北のオハイオ川を越えた自由州インディアナであったが、さらに一四年後の三〇年には、より西のイリノイ州中部に移住した。

一八六〇年初め、大統領選挙を目指したリンカンはそうした彼の若かりし頃を、貧しいだけの「ほとんど書くこともない、単純な日々だった」と回想する（大統領選挙用の経歴パンフレットで）。実際、二二歳の彼が父トーマスから離れ、独立した三一年まで、彼ら家族の足跡を記録する史料は僅少である。フロンティアの大地と格闘し、もがくような生活を送っていたのであろう。

一六年にケンタッキーを離れたトーマス・リンカンに同伴したのは、妻ナンシーと長女サラ、長男エイブラハム、そのほかに親戚の若者二人が加わる六人の家族であった。窪地の多い草原地域を幾箇所か移動した後、六人が定住したのは、インディアナ州南西部のスペンサー郡であった。ただそのスペンサー郡でも彼らの生活はいっこうに改善されなかった。

リンカンにとってスペンサー郡は、二〇歳までの多感な少・青年期を過ごした故郷にも等しい地であったが、後年彼はそこを訪れようとしなかった。鹿や熊の多い森に囲まれた開拓地で彼はまともな教育も受けられず、多くの開拓家族がそうであったように、父の指図するままに木の伐採また農作業に携わる労働の日々を続けた。インディアナ時代で彼が後年幾分かの喜びがあったと回想するのは、母ナンシーを失った後の継母サラが優しく、泥まみれの家の整頓に気を配ってくれたことだったという。

ホーゲンヴィルの生家はもとより、彼がスペンサー郡で住んだ小屋も、丸太小屋であった。丸太は漆喰の上塗りもなくむき出しで、スペースはあったが床も土間というものであった。ベッド、テーブルと数個の椅子、やかんとポット、スズの皿類が、数少ない家具であった。リンカンらの子どもたちは、ロフトの木の葉を敷く夜具で寝た。

リンカンの大統領期に秘書官を務めたジョン・ニコレーとジョン・ヘイによる伝記は、その状況を次のように描写する（*N&H1* より）。「かの地の生活は牧歌的などと、郷愁をもって語るような要素は一切ない、厳しく、不健康なものだった。腐食した木材にはマラリアがいっぱいであり、しばしば奇妙な疫病が居住地を襲った。一八年にリンカン家族が住んだスペンサー郡を、土地の言葉でミルク病（milk-sick）と呼ぶ疫病が襲った。マラリアに起因したといわれたが、詳しい原因は不明の流行病で牛と共に人を襲い、高熱をうみ、最悪の場合には三日で人が死亡した」。リンカンは九歳の時、母ナンシーを失い、またその後異母妹を失った疾病が、ミルク病であった。

リンカンは、ケンタッキーを離れるまで文字を学ぶことがなかった。スペンサー郡で生活した一〇代に、フロンティアに多かった地域の子どもを集めた寺子屋のような学校に、妹サラと一年弱、二学期通ったのが受けた唯一の教育であった。特別な資格を持たない先生の後を大きな声で反復するのが主な教育内容であり、おそらくはアルファベットと最低限の読み書きを習う程度であったのだろう。

リンカンは後年、父トーマスとの折り合いが悪かったと話す。彼は継母サラの計らいで一〇代初めから読書の習慣を持ち、聖書から始まり、入手可能であったデフォーの『ロビンソン・クルーソ』、『イソップ物語』あるいはベンジャミン・フランクリンの伝記などを読む少年期を

現在，ホーゲンヴィルに再建されている，リンカンの生家(推定)

過ごした。そして二〇歳前になると、政治論議を掲載する新聞記事にも触れていたと思われる。そのような知的関心の高かったリンカンにとって、読書を嫌う父のいかつい態度は、荒くれた農夫の典型であった。

　他にも繊細であったリンカンと父との間には、性格的な行き違いがあったのであろう。しかし、そうした齟齬《そご》にも拘らず彼は二〇歳になるまで家族と丸太小屋で生活を共にした。後年彼は子煩悩で自らの家族を大切にしており、周囲に向けた慈しみも彼の人格の一要素であった。

　しかしやさしくはあっても、彼はやがて成人になると、もはや父トーマスらと共に暮らす理由を全く持たなかった。一八三〇年の春、トーマスがイリノイ中部に再び移住したのを機に、リンカンは、すでに身長一九三センチに達した強健な肉体を頼りに、自立の道を歩み始めていく。

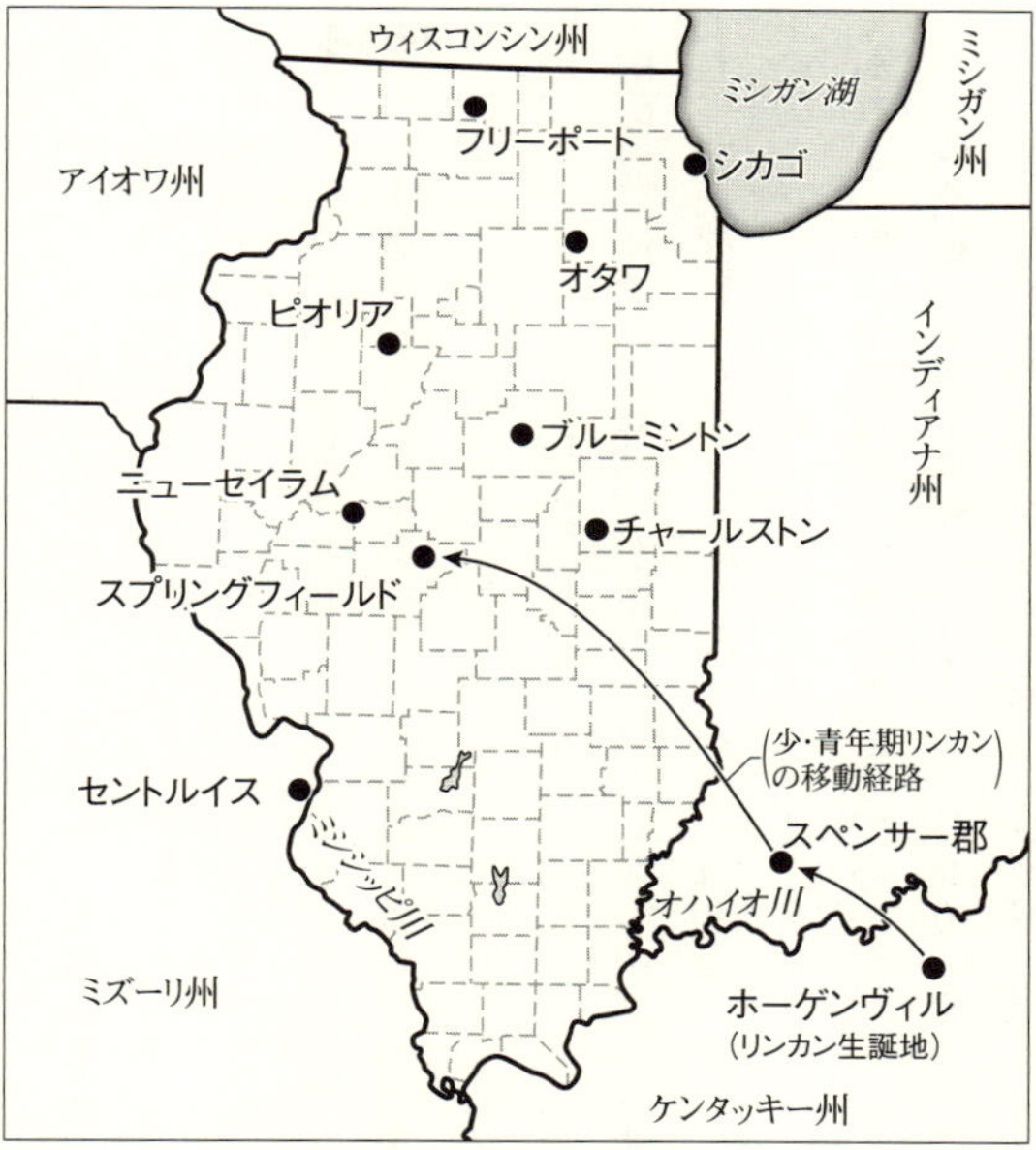

イリノイ州と，リンカンに関連する 19 世紀前半の各都市

リンカンが独立へと踏み出した一八三〇年代初頭、インディアナからイリノイにいたる地はなお野生の動物も多く危険に満ちていたが、一方でその三〇年代を含む一九世紀前半、アメリカ社会全体は、世紀後半期にみられた加速度的工業化とはまったく異なる質の、いわば外延的膨張を起こしていた。歴史家はそれを居住地が西に次々拡大していく地理的、水平的膨張という。一八三〇年に一二八六万強の全人口が、三〇年後の六〇年には二・四倍の三一四四万人

に増加し、さらにそのうち、二九歳以下の青年男女がなんと七割以上を占める、一九世紀前半を特徴づけた若者中心の人口構成が、騒《ざわ》めくような人々の空間的移動の基盤の一つであった。

加えて一八一五年、ヨーロッパ大陸での大規模な戦乱の収拾、いわゆるナポレオン戦争の終息は、国際的緊張からの解放と、長期の平和をアメリカに約束した。実際には、先住民との土地争いの激化を意味したが、ナポレオン戦争のアメリカ版であった第二次英米戦争が終結したのを機に、人口の自然増また移民の流入によって、移動は加速した。人口流出という点では石ころが多く貧しいニューイングランドが最も激しかったが、その北東部ばかりか大西洋岸中部さらにジョージアまで、彼、彼女らは、新時代を貪るかのようにアパラティア山脈を越え、新開地でおのおのの生活拠点を造りだそうとした。

南部の移住では、奴隷主が主力となったが、中部から北部では、単身の青年、また若い家族として開拓農民を目指すもの、職人あるいは商業に携わりたいものなど、貧しくとも諸々の希望を持った人々が任意に、移動した。広く言えばそれは、散らばる共同体社会の多元的な拡張であり、一般に西漸運動と呼ばれた動きであった。

その西漸運動の初期移動者トーマス・リンカン家族が向かったインディアナ、さらにイリノイは、開拓が始まったばかりの草原地プレーリーであった。リンカン家族を含めて開拓農民を目指す人びとは、年間数万人規模で犂鍬《すきくわ》やのこぎり、その他、なけなしの家財をもって移り住み、連邦政府が土地区画を行った一帯で農地の取得を目指した。

土地の区画化を前提とする北西部プレーリーへの進出は、未開の地への移住であったが、移住者の意識では将来の文明化への希望に支えられており、定住にあたっては独特の政治的規律や社会的規範が伴った。その概容を二四頁の**表1**から読み取ってみたい。

インディアナ州人口は一八二〇年の一四万七〇〇〇人から、五〇年には九八万九〇〇〇人と約七倍に急増し、四〇年代からは政治都市インディアナポリスの他、オハイオ川沿いに商業都市が展開した。州の南辺をなすオハイオ川から西航してミシシッピ川に出て南下、ニューオーリンズに向かう平底船水運が、小麦生産からやがてトウモロコシ栽培へと移るこの農業州の、経済を支える生命線となった。一八四〇年代オハイオ川から、またミシシッピ川の上流からセントルイスを通って、ニューオーリンズにいたる舟運は、ミシシッピ川水運とよばれ、後年、作家マーク・トウェインが『ハックルベリー・フィンの冒険』などで活写したように、アメリカらしい自然景観ばかりか、流域集散地に様々な往来や生業が展開した。当初の平底船から、やがて蒸気船までが航行した内陸地域の大動脈であった。

二八年、スペンサー郡に住んだリンカンも平底船の漕ぎ手としてメキシコ湾までの船旅を経験している。インディアナ、イリノイの政治秩序の形成は、開拓初期から浸透した治安判事を中心とする地域行政・司法機能と、その後に整備された州郡組織が中心となって進んだ。

表1　19世紀前半のインディアナおよびイリノイの人口増加(人)

		1820年	1830年	1840年	1850年	1860年
インディアナ州		141,178	343,031	685,866	988,416	1,350,428
イリノイ州		55,211	157,445	476,183	851,470	1,711,951
参考	マサチューセッツ州	523,287	610,408	737,699	994,514	1,231,066
	ニューヨーク市	152,056	242,278	39,114	696,115	1,174,779
	シカゴ市	推定100		4,470	29,963	112,172

インディアナの西、イリノイ州の成長は、いっそうダイナミックであった。イリノイの地はリンカンらが移住した三〇年代を転機として六〇年には人口規模また農場数でもインディアナを追い越し、マサチューセッツ州人口をも超えた。コーンベルトと呼ばれ、トウモロコシを主作物にブタなどの家畜などを飼う商業農業への転換が急速に進んだ。干し豚肉や穀物の出荷先は南行するミシシッピ川水運を長く使ったが、やがて運河、鉄道などを活用して東に向かう、東部向け交通体系が整備されていった。

今日歴史家は、そのイリノイを西端とする北西部の成長がニューヨークを中心とする東部の変化と共振し、合衆国の経済また社会のあり方を大きく変えたことを、一九世紀前半のアメリカを特徴づけた「市場革命」と説明する。ニューヨーク州西部から北西部の内陸各地に、ロチェスター、バッファロー、クリーブランド、デトロイトと、連なるように集散拠点がうまれ、東部大西洋岸との間に様々な商品が往き還《か》っていく。資本投資・蓄積のため、各州に金融機関が生まれ、イギリス資本までが加わって開発が進行する、新たな形の社会が形成されていった。

　とくにその間の変容を支えたのは、ものと人、また情報の大量移動を可能とした交通手段の改善・迅速化に他ならない。オール付きの筏《いかだ》、ボート、馬車に頼る初期の交通体系から、蒸気船が登場する河川・五大湖交通の活用、そして運河建設、さらに三〇年代後半からは鉄道の建設という交通体系の爆発的変化が、内戦までに北西部（間もなく中西部と呼ばれていくことになる地）の景観を変貌させた。

オハイオ川からミシシッピ川を下る初期の運送手段であった平底船（絵画）

　変化の様はとりわけミシガン湖南端に面するシカゴの変貌に現れた。一八二〇年時点では人口一〇〇人程度であったこの小屯は、三〇年代にはいってミシガン湖水運の中心地となって拡大し始め、イリノイ・ミシガン運河の開削によってミシシッピ川水運と繋がった。さらに東に向けてもエリー湖水運を通して遠くニューヨーク州のバッファローへ、さらにオルバニーまでのエリー運河（二七年完成）に繋がった。また一八五〇年代初めからは鉄道の発達によって、東向けニューヨークまでの交通の起点となった。港湾施設・貯蔵施設が整備され、シカゴの土地価格は瞬く間に上昇した。人口は六〇年には一一万二〇〇〇人へと増加し、シカゴはすでに内戦前夜には中西部第一の鉱物・農産品の集荷・積み出し都市として魅力を増していた。

三〇年代初め、独立の道を歩み始めたリンカンは間違いなく、そうした北西部の変貌を目の当たりにして育ち、変化こそが明日を開くと信じてしゃにむに前に進んだ野心的青年であった。

ニューセイラムへの定着

一八三一年の夏、リンカンは運送業者から再びミシシッピ川平底船運搬を請け負った縁で、水系への中継地と目されたイリノイ中部の小屯、ニューセイラムに下宿部屋を借り住みついた。居住地としてプレーリーの西方最前線にあたり、雑貨屋、鍛冶屋、靴屋などが、周辺に散開する農民への農具の販売、衣服の供給などで生業を立てる、人口一〇〇人程度のフロンティアの小集落であった。

リンカンは商店の手伝いから始め、やがて雑貨屋を手にいれ、さらに郵便局の手助け、また周囲の土地測量にあたる測量技師の助手のような雑多な仕事に携わって日々の糧《かて》とした。途中、仕入れの過剰で多額の借金を負うなどの不運もあったが、特徴的であったのはその地で彼が、開拓農民となることは拒絶した点であった。

主な理由は、父トーマスにみた農夫生活の粗野さを彼が嫌忌《けんき》したことにあったとされるが、おそらくそれに加えて、この時期の彼にはすでに相応の野心が芽生えていたのであろう。彼は二〇歳前後の時期から政治論議を掲載する新聞記事に目を通し、ホイッグ党の指導者ヘンリー・クレイらが提唱する全国的商業・交通体系の整備を謳うアメリカン体制論に触れていた。

一八二〇年代から識字への関心が北部では急速に高まっていた。人の移動が激しくなるにつれて、外部情報への関心が強まったからであったが、そうしたなかで、合衆国の全域で新聞や雑誌などの印刷物がつぎつぎ創刊されたのがこの国の特徴であった。リンカンの「青年団演説」を掲載した『サンガモン・ジャーナル』紙の発刊も三一年であった。東部の先進新情報がフロンティアの青年までも強く刺激する時代に入ろうとしていた。

リンカンがミシシッピ川水運に関心を持ったのも、世界観が一気に広がりつつある時代の反映であったのだろう。しかし、リンカンは結局そのまま船乗りの生活には進まなかった。ニューセイラムでの活動は、彼の意思と、またいくつかの偶然が重なって、彼に全く違う人生の進路を提供することとなる。彼は三二年春、二四歳の時、イリノイ州中部のサンガモン郡から州議会選挙に立候補し、政治家を目指す動きを早くも見せた。

さらにその年の四月には、先住民ソウク族の酋長であるブラック・ホークがアイオワからイリノイ北部に再侵入したのに対し、州の民兵隊に、地元青年と共に二か月加わった。直接戦闘に関わることはなかったが、リンカンが体験した先住民との最初の戦いであった。州議会選挙への立候補、そしてブラック・ホーク戦争への参加が示唆するのは、定住から一年の間に、リンカンが新開地の共同体的環境に馴染み、若者の輪を広げることから何事かをなそうとする志向を見せ始めた点であった。

定着後リンカンが人目を惹く人間関係を構築したのは、ニューセイラムの青年たちが最大の娯楽とした格闘技レスリングを通してであった。身長が一九三センチと図抜けており、なおかつ強靭であった彼は、たちまちその勇者となった。それればかりか、丸太をきって垣根用の横木を作る力仕事を平気でこなした体力も、共同体にとって貴重な力持ちであった。よほどその丸太切りに長《た》けていたのであろう。彼は、後年、一八六〇年の大統領選挙では自ら、丸太から垣根作りをする男「レイル・スプリッター the Railsplitter」と名乗り、ニックネームとした。すでにその時期には都会的となったリンカンであったが、選挙戦では中西部を強調する彼なりのユーモアと、戦略を秘めたキャッチコピーであった。

気さくで、仕事は実直であり、折々に見せる機知や弁舌はじつに面白いというのが、仲間のなかでの彼に対する評判であった。一方で彼は、教会に通うなどの宗教的活動には全く関心を示さなかった。さらに周辺の測量事業の助手を務めたり、関心があった平底船の構造を考えるなど、科学的思考を好むという、変わった才を見せた。そうじて共同体のなかで変わり者であったに違いないが、その点も含めて、彼はほどなく小屯に群れる若者のなかで目立ち始めていった。

第二節　政治家へ

弁護士そして州議会への進出

リンカンは、民兵として猥雑でさえあった小屯の仲間たちとの密な生活を重ね、対先住民戦争に従軍した時期に、イリノイ民兵軍の少佐であった二歳年上の弁護士ジョン・スチュアート（一八〇七―八五）と知り合っている。一八三二年、同じくイリノイ州議会選挙に立候補していたこの少佐は、スプリングフィールド居住の有力者として当選したが、無名のリンカンは落選した。しかし民兵隊での出会いを機にスチュアートはリンカンの才知を認め、ホイッグ党への参加を勧誘するなどなにかと機会を提供した。

リンカンはすでに法律書を読み始め、政治家・弁護士への野心を胸に秘めていたが、後年の回想では弁護士になる道筋など見当もつかなかったという。しかし、三四年（二六歳）、再度州議会選挙を目指す時期から、彼は目標を明確に絞っていた。のちに弁護士を目指す若者に対して、彼は自らの独学経験を説明している。「道は単純だ。どんなに煩瑣で退屈でもまずは書物を開き、ひたすら注意深く読み勉強することだ。ブラックストーンのコメンタリーズ［William Blackstone's *Commentaries on the Laws of England*］から始めろよ。……ひたすらワーク、ワーク、ワークが唯一の道なんだ」(CW4, 121より)。

一八三〇年代半ば、合衆国全体でみると、民主党とホイッグ党という二大政党が、男子普選という制度の下で、各地で頭角を現す野心的青年を同朋的に束ね、草の根組織に仕上げることで全国政党への体制を整えていた。イリノイの場合には民主党が先んじ、ホイッグ党はスチュアートらが中部サンガモン郡で、民主党に対抗する有志を募っていた。

リンカンはそのホイッグ党ネットワークを利して三四年、二度目の挑戦でイリノイ州議会議員に当選を果たした(選挙区、サンガモン郡)。弁護士を目指す彼の猛勉強も三四年の当選を弾みとして加速し、三六年九月にはイリノイ州での弁護士資格を取得、翌年法廷に立つ公認弁護士の資格を得ていった。勉強を始めた三三年から数えて三年半での目標達成であった。

その間、彼はニューセイラムでさらに郵便局員の仕事を引き受けるなどの収入で独学を続けたが、小屯の住民は、風変わりであったと思われるリンカンの猛勉強を地域ぐるみで見守り、温かく接していたとされる。たとえば在地の治安判事ボウリング・グリーンはリンカンを息子のように可愛がり、法廷(といっても粗末な屋舎)にしばしば彼を呼んだ。厳しいフロンティア社会が持つ半面の温もりであったのだろう。そんな支援を受けて彼は、三四年の州議員初当選後、三六年には再選され、一八三〇年代後半には有望な地域政治家の道を歩み始めた。

スプリングフィールドへの転居

一八三七年四月、弁護士資格を取得したのを機にリンカンはスプリングフィールドのスチュアート弁護士事務所のジュニア・パートナーに迎えられ、かの地に転居した。

三〇年代後半、イリノイの新州都となるべく周辺への働きを強めていたこの新興都市(一八四〇年人口二五七九人、三九年州都決定)は、リンカンにも相応の政治性を期待した。とくにその時期からイリノイ全域を覆った開発熱は、地域政治家間に、開発のための活発な合従連衡や綱引きを呼び起こした。その渦中に飛び込んだリンカンは、三七年以降イリノイ南部からシカゴにも目をやる、州規模の開発政治家へと転身することとなる。

五年前の三二年、リンカンが初めて州議会選挙に出たときに掲げた選挙スローガンは、素朴に小屯ニューセイラムやその近隣の課題を挙げる内容であった。第一は、イリノイ川への水路と目されるサンガモン川の航行改善の提案であった。水深が浅く、また周辺から多くの流木が流れ込むその川は、年間を通してみるとわずかな期間しか役に立たない。水路の改善は、イリノイ中部の住民が経済的発展を目指すうえで不可欠のインフラ事業だ、と言うのであった。残りの提案も農民、商人、また職人など、近隣住民の日常活動に関わった。法外なローンの利子を規制することが第二の提案であり、各共同体の将来のため、児童に対する公教育を充実させようというのが第三の提案であった。

三二年のリンカンの提案は、若きフロンティア住民が抱く生の要望を汲み上げた内容であったし、とくに第二、第三のローン規制や教育に関わる視線は、リンカンが生涯抱き続けた民衆志向性の原点であった。

しかし、それらの主張のすべてはリンカンがいったん政治世界に足を踏み入れた時、イリノイ政治の全体的枠組みを見ながら進めねばならず、実際の政治は支持基盤を広げようとすれば、優先順位をつけていかざるをえなかった。とくに地域利害が絡まる開発事業は複雑であった。リンカンが加わったイリノイ中部の州都スプリングフィールドとその周辺のホイッグ党地盤は、奴隷州ケンタッキーに縁を持つ南部の出身者を多く含み、政治的にも四〇年代後半まで、中部の開発を南部州との関係で進めようとする意向が強かった。そうしたなかで、たとえば北西に向かうサンガモン川の航行改善事業は工事と費用面から後回しにされざるをえなかった。

おそらくはその後回しが一因したのであろう、ニューセイラムにそって言えば、一八四〇年、小屯の住民は北に数キロはなれた新開地ペータースバーグへの移動を決意し村を捨てた。ニューセイラムは、これによって旧住民の記憶にのみ残る廃村となった。フロンティアにはこのような廃村化もいくつかの箇所でみられたのだろう。三七年、リンカンがスプリングフィールドに転居したのも、客観的にはサンガモン川航行改善事業の当面の難しさを見越したゆえだったとされる。それればかりかリンカンは小屯を見限ったのだと語った人もいた。彼の野心からすれば、あながち的を外れていない観察だったろう。

リンカンは、こうして三四年以降州下院に四期当選し、その後も四六年から、イリノイ第七区連邦下院議員に進出した二年を含めて計一五年、スプリングフィールドを基盤とする開発指向型の地域政治家であろうとした。途上イリノイホイッグ党の有力リーダーの一人となり、連邦下院議員にまで行き着いた点からみても、彼の州議会での活動にはそれなりに見るべきものがあった（後述）。ただその反面で、彼が手がけた開発事業のいくつかは不調に終わったし、さらに地域開発事業にひたすら奔走する行動には、若き日の未熟さが至る所に露出した。周囲からみても、帰属地域の経済発展に関心を払うほかは、全国政治に目を向ける視野の広さや展望の斬新さとして印象に残るものはなかった。

なおリンカンの州都への移転は、彼の政治的野心を膨らませたばかりか、社会関係においても独特の影響を及ぼした。南部的とよばれたスプリングフィールドは、とくに奴隷州ケンタッキーの中心都市レキシントンに列なる人脈また血縁的影響が強く（リンカンの最大の支援者スチュアートがそうであった）、小規模とはいえ相応の階層性を持つ政治都市であった。田舎青年リンカンの生き方に対しても、当然の変化を迫る社交社会を持っていた。彼は生涯、着るものなどで素朴さを持ち続けたが、一方でエリート社会との交際を以後ことさら嫌う様子もなく過ごした。

積極的には、自らの言葉遣いや発音を矯正し文章力を磨く努力を意欲的にこなした。彼がわずかな公教育にも拘らず優れた文章家へと成長したのは、スプリングフィールド移転以降の研鑽に拠った。三八年、青年団演説が示すように、ニューセイラムを出た青年は、この時期にしゃにむに一つの階段を上ろうとしたのである。

第三節　開発政治家から自由労働論の展開

企画された総合開発プロジェクトとその破綻

おりしも一八三五年から三七年にかけて、イリノイ政治は全国的な開発熱に突き動かされ、州内交通・運輸体系の熱狂的大改造計画に乗りだしていた。直接の誘因は、台頭する州北部からの要求にあった。三〇年代前半エリー運河の開通を機に州北部には、ニューヨーク州やニューイングランドなど大西洋岸北東部また中部から「ヤンキー」とよばれた移住者が増加し、彼らは将来有望と目されるシカゴと周辺との交通網整備を、熱烈に訴えていた。

シカゴから西に一五〇キロのイリノイ川に繋がるオタワまで、州を西南に横断する運河を開削し、イリノイ北部とシカゴ経済圏をミシシッピ川水運に一体化するという、イリノイ・ミシガン運河建設計画が動き出したのは、リンカンが第一期議員として登院した三五年州議会からであった。

すべての面で資金が足りないという声に押されて州議会は、一五〇万ドルの資本金を募る州立銀行の設立法案を三五年二月に可決した。州銀行券の発行によって通貨量を増やすとともに、州内事業への融資を目標とした。そして一二月には州立運河委員会の管理下で、イリノイ・ミシガン運河の建設を進める法案が承認された。東部において周囲が羨望するほどの経済効果をもたらした、ニューヨーク州のエリー運河建設に倣うものとされ、州政府は最終費用に八五〇万ドルを見込み、当座の建設費に五〇万ドルの州債発行を認めた。三六年、州立銀行の他にも、東部の資産家やイギリス資本の応募を期待した、大プロジェクトの序幕であった。

いったん発火した開発熱は、その後イリノイ各地議員の玉突き的開発要求を誘発し、三七年二月には、州全域を覆う開発事業計画にまで膨れ上がった。州南部にも配慮した五つの河川の航行改善事業、道路建設、さらに州内を十文字に横断および縦貫予定のイリノイ・セントラル鉄道の建設などを織り込んだ州総合開発計画に、州議会は一〇〇〇万ドルの州債を発行した。

計画全体を推進したのは、三六年にイリノイ州議会に加わったリンカンの生涯のライバル、スティーブン・ダグラス(Stephen A. Douglas, 一八一三―六一)ら、イリノイにおいて圧倒的多数派の民主党であった。しかし、スチュアートまたリンカンらサンガモン郡ホイッグ党議員も、イリノイ民主党の動きに歩調を合わせた協賛勢力であった。とくに開発計画を州立銀行の設立と組み合わせる構想は、政府系金融の重要性を謳うクレイのアメリカン体制論をイリノイに応用しようという、リンカンらのアイデアであった。リンカンは、かつてエリー運河建設を主導した人々の成功を自らになぞらえ、民主党のダグラスらと手を組んだ。のちの両者の対抗関係からいえば奇妙なまでの呉越同舟であった。

しかし、三六年から始まったイリノイ州交通改造事業の多く、そして州立銀行は瞬く間に行き詰まっていった。そもそも州都人口がまだ三〇〇〇人弱で、州内経済基盤が脆弱なもとでの一気の大開発計画には資金面で無理があった。加えて、三七年五月から全国を襲った開発バブルの崩壊、三七年恐慌が総合開発計画の破綻を加速した。その後の金融の目詰まり、景気の低迷のもとで、土地価格は下落し手形の焦げ付きが頻発した。州政府が開発事業のために発行した州債も四〇年には額面の半分に減価し、州立銀行は銀行券の減価と資産状況の悪化で立ち行かなくなった。

苦闘の末の四〇年一二月、民主党知事トーマス・カーリンは「銀行を拡大し、紙幣を増やすことで富を増大しようとするすべての計画が破綻に瀕した。州外からの借り入れは爆発的にふえ、イリノイ州政府は今や一三〇〇万ドルの負債を背負う中で、州改造事業の放棄のやむなきに至っている」と語った(Burlingame, vol. 1より)。事態の深刻化のなか州民主党政権が手を引こうという以上、三五年以降のイリノイ総合開発プロジェクトの崩壊は避けがたかった。

挫折を見据えて

州議会の少数派であったホイッグ党のリンカンは、一八四〇年には結局あらかたが停止された総合開発計画の維持に、最後まで固執した政治家の一人であった。彼の言動には弱い経済基盤のもとで、机上の計画に邁進した若い政治家のほとばしるばかりの野心と、必然的にそれに伴う未熟さが刻まれていた。たとえば、彼は州立銀行について論じた。「開拓地はつねに通貨の不足に悩み、農産物も不当に安く売却しなければならない。イリノイにも、全国と共通する安定した十分な通貨が必要なのだ。州立銀行はそのためにある。そのうえ、安定した一〇パーセントから一二パーセントの金利で州民に融資を行いうる機関は他にないではないか」(CW1, 62-67より)。

しかしそのような思いは、州開発計画のため銀行に異様なまでの負担を強いる提案にも繋がった。四一年、不況のただなかリンカンがイリノイ議会に提案したのは、新発の二〇万ドル州債の引き受けを再び銀行に求め、既発州債の利払いに充てるという、悪化する計画の資金繰りを強引に糊塗する提案であった。州立銀行は、正貨支払いの停止、再開、さらに再停止を繰り返した末、ついに四二年に破綻、清算を余儀なくされた。

三〇年代半ばからのイリノイ総合開発計画は六年で挫折し、州政府は全体計画から手を引いたが、リンカンらの奔走によってなんとか完成にまで行き着いた一部事業があった。シカゴとオタワ間を繋ぐイリノイ・ミシガン運河は紆余曲折を経ながら四八年に完成し、以後一〇年間イリノイ川とシカゴ・ミシガン湖をつなぐ大動脈として州北部の発展を決定づけた。さらに四二年に完成したのが、州都スプリングフィールドを東西に貫通するイリノイ最初のノーザン・クロス鉄道であった。ただ、インディアナポリスにもつながるこの重要鉄道も四七年には経営の悪化で民間に売却され、州が負担した建設費八四万ドルに対し、回収し得た金額は二・五パーセントに過ぎなかったといわれる。

厳しい現実と格闘を続けた末の四二年、リンカンは、三四年から四期を重ねたイリノイ州議会の改選選挙に出馬せず、政治の場から身をひいた。三三歳であったその時点からリンカンが再び選挙に戻る、四六年連邦議会下院選挙までに、四年もの間隙があった。

これまで歴史家はその間隙を、リンカンが四一年頃から、州地域開発計画の限界を意識し、連邦議会への進出に目標を転じ始めたことによる一時的退場であったと説明する。彼はすでに、州都の弁護士として相応の収入があった。近い将来の連邦下院進出を目指し、イリノイホイッグ党内での順番を待って待機(理由は後述)したという説明である。

たしかに結果はそのように進んだが、じつのところ四〇年頃から四四年までのリンカンの行動には、したたかな野心だけでは説明できない不安定さや、稚拙な振舞いが頻々として見られた。一部不可解でさえあった行動も考慮に入れれば、四〇年代初頭のリンカンは、多額の負債が発生した州総合開発計画の破綻を重く受け止め、時に心理的パニックに襲われながら、なんとか自らの政治的立ち位置を取り戻そうとした、個人的にもいくつもの未熟さと闘った時期であったと捉えた方がより適切だろう。

彼はその間に結婚した。相手は、スプリングフィールドに転居してきたレキシントンの名家出身の女性、メアリー・トッドで、リンカンにはない洗練された社交界での振舞いと明るさ、そして政治にも関心を持つ聡明さに彼は引かれたとされる。彼は四〇年秋、いったん彼女と婚約した。ところが、その直後から、自らが結婚に不向きだとの不安を訴え始め、鬱の症状を示して婚約を破棄した。数週間ベッドでふさぎ込むまでに落ち込み、スチュアートら友人は自殺さえ心配したという。

一年以上が経過した後、リンカンの回復を見計らって友人たちが両者を再び引き合わせたことで、リンカンは四二年一一月、やっとメアリーとの結婚にたどり着いた。三三歳の成人にしては明らかに滑稽にみえるこの行動を心理的に説明することは難しい。ただ、その時期がイリノイ州議会での彼の苦闘と重なっていた状況は、単なる偶然でなかったろう――。その後、彼とメアリーの間には長男ロバートが生まれ、夫婦は四四年、スプリングフィールドに法律事務所を兼ねた新居を取得し移転した（のちに増築された自宅のスケッチは一〇四頁）。その後大統領就任まで彼はその自宅に住む。おそらく新居に移る時期からリンカンも連邦下院議員を目指すべく、態勢を整え直したのであろう。

四〇年代初めのリンカンにはほかにも、政治家として衆目の顰蹙《ひんしゅく》を買う、幾つもの逸脱的行動がみられた。四〇年大統領選挙時、有力なイリノイ民主党指導者であり、州司法長官ともなったジェシー・トーマスとの論争の最中に、揶揄されたことに腹を立てたリンカンはステージ上で相手の話し方、ジェスチャー、はては歩き方まで模倣してあざける悪態を演じたという。フロンティアでは対面の過熱した政治論争は一般的であったが、それにしても多くの聴衆がやり過ぎと感じ、醜いとして後まで記憶に残った事件であった。

度を越したパフォーマンスは、四二年秋には侮辱された相手が決闘を申し込む事件にまで発展した。周囲の仲立ちで生死にかかわる事件にまでは及ばなかったが、四二年前後の彼の言動にはその種の、冷静で知的な政治という、三八年の青年団演説で彼が語った願望にはおよそそぐわぬ、激情のままの行動がいくつかみられた。つまるところ四〇年代初めのリンカンは、すでに州議会四期を経験したベテランであり野心的政治家ではあったが、イリノイホイッグ党内で将来を担うと期待されるような、際立った指導者ではなかったのが実情であった。

ただ、そうした顰蹙を買う出来事は長い目で見れば彼にとり反面教師であったのだろう。後年彼はその間の行動を悔い、相手の言説に拙速に反発せず、慎重に意見を聞きながら議論する手法を、身につけるべく努力したという。そうであれば彼が五〇年代初めからみせ始める、他者の意見にも耳を傾ける落ち着いた接し方は、天性と言うより、それなりの努力によって身につけた、修練の態度でもあった。

政治思想の進展

リンカンは挫折を味わった四〇年代前半の時期から、回復する四〇年代後半までの間に政治思想という面でも一定の変化を示した。年齢的には三〇代の後半期に相当する。

彼は四六年夏、イリノイ第七区連邦議会下院選挙に勝利し、四七年一二月から四九年三月まで、首都ワシントンに赴いた。家族もワシントンに移転し、四七年末からのワシントン生活は一年半であったが、たしかに彼の前半生の檜舞台であった。

ワシントンでも、リンカンの基本姿勢は、広大なアメリカ領土の発展には交通体系インフラが必須条件であり、整備のため州政府ばかりか連邦政府の取り組みが不可欠だと主張する、積極的な内陸開発推進論であった。四八年六月、彼は連邦下院議場で割り当てられたわずか三回の演説の一回をこの問題にさいた。港湾や河川の修復また運河建設という、波及効果がさしあたり特定地域に限られるかにみえる内陸部の公共事業でも、優先順位をつけて慎重に採用すれば、全国経済の拡大に大きな価値を持つだろう。イリノイ州政府がすでに完成したイリノイ・ミシガン運河がその典型であり、連邦議会もそうした公共事業を忌避せず、勇気をもって臨まねばならないという議論であった。

三〇年代後半に彼が体験したイリノイ州での失敗を糧に、拙速を戒めながら公共事業の必要性をとく彼の議論は、彼の内部で膨らんだ思想的成長の一つとみてよかった。のち五〇年代後半、彼は共和党のもとで俎上《そじょう》にのぼる、太平洋までの大陸横断鉄道建設計画に対し最も積極的立場をとる一人であった。

新しい自由労働のイデオロギー

しかし、一八四〇年代半ばからのリンカンは、交通インフラの整備を語るばかりではなかった。

三〇年代、州総合開発事業が破綻した事後のイリノイ州内では、州政府主導の開発事業は基本的に劣勢であり、リンカンはその問題に直接関与する機会を持たなかった。そうした中で彼が四〇年代半ばから強調し始めたのが、のちに自由労働イデオロギーとよばれる、労働に関わる政治思想であった。彼はその立場を、全国ホイッグ党が掲げる保護関税論と絡めて、次のような政治議論へと仕立てていた。

「ホイッグ党が多数政党になるためには、なによりも働く人間、普通の農民また職人・労働者の支持を受けていく政党でなければならない。思想的にいえば額に汗する労働こそが、この国のすべての社会生活の基盤であることを訴えねばならない」。「世界にはどこにでも、勤勉に働くものに対し、労働をせずただ社会の果実だけを浪費しようとするものが存在する。そのような浪費的人間に対し、将来に向けて働く人びとに十分な成果を保証することこそが、われわれホイッグ党の政治でなければならない」(CW1, 411-412より)。

リンカンは、その論理の延長で関税が将来に向けて働く人々の立場から、重要な意味を持つと展望した。「われわれには、鉄製品や外国産衣類の輸入に対する保護関税が是非とも必要だ。関税による価格差を設けることによって、これまでヨーロッパ産品に押されてきた製造業者、あるいは職人・労働者は、従来以上に活発な事業機会を得ることができるだろう」(四三年三月四日付の断章、同前309-318より)。

この小事業者、職人・労働者に向けた議論には、リンカンが一九世紀半ばの代表的政治家へと成長していくうえでの基本の論理を、広く民衆的世界から汲みあげて体系化していったことが見て取れる。民主党が説く低関税論を、外国製品のみを好む「富裕者の論理」と批判し、保護関税は市場を保全し、国内の起業家や小生産者を鼓舞する刺激となるだろうとしたリンカンの議論は、その後の関税論争から測ればいわば初期の小生産者的主張と括れるものであった。少数の特権的富者に対し、不特定多数をターゲットにおくという本格的工業化前夜の倫理的主張であったが、四四年大統領選挙キャンペーンなどを通して彼が展開したその議論には、巧まざる形で将来に向けた合衆国国家のヴィジョンが描かれていた。

「イギリスに対抗していくこれからの経済社会の要は、職人・労働者と農民を軸に、すべての働く者が協調して繁栄する経済的機会を拡大することにある。また彼らを鼓舞する文化的環境を整えることにある。政府が設ける保護関税は、働く者が互いに将来に向けて前進できる環境を造るという意味で、政策自体が倫理的意味を持つのだ」という論理であった(同前より)。

義務教育制度の整備、学舎の建設に加えて、過度の飲酒を自制する姿勢などを盛り込んだリンカンの議論には、一八四〇年代から五〇年代に台頭してくる合衆国政治の基本イデオロギーの核心、自由労働論によせた一連の倫理観が組み込まれていた。官を中心とする工業化でなく、ひろく小事業者・勤労者による社会の自主的統合を説き、また政治の道徳性を強調していくのが特徴の政治論であった。

ただ一方で、四〇年代後半にみられた彼の自由労働論は、やがて重要な争点となる奴隷制や奴隷主たちをどのように位置づけるかという合衆国国家の基本構造には、いかなる意味でも結び付いていなかった。南部奴隷州への言及では彼は、合衆国憲法が州奴隷制を認めているとし、連邦議会が介入しうる体制的問題ではないとする、三〇年代半ばからの姿勢のままであった。彼は少しずつ政治主張の領域を広げはしたが、四〇年代に示した変化は、のちに比べればなお緩やかで、伸びやかではなかった。

総じてみれば四七年から四九年、リンカンが下院議員を一期務め終えるまでの彼の言説には、自由労働言説の限定的性格を含めて、可もなく不可もない制約が纏《まと》わりついた。おそらくその根本的理由は、彼がおかれたイリノイにおける政治的位置のゆえであったろう。彼は、四九年三月、連邦下院議員を一期済ませた後はイリノイに戻ることが、すでに在任中から決まっていた。圧倒的に民主党の強いイリノイでは、ホイッグ党が連邦下院に進出できる議席はわずかに第七区だけであり、イリノイホイッグは、連邦下院を目指す有力州議員の間で、一期で交替するローテーションの内部規律を作っていたのである。

こうしてリンカンにとってようやくたどり着いた四七年末からのワシントンでの生活は、行き止まりであり、あとは引退同然の扱いを受ける立場であった。そのことからも彼は四〇年代半ば、新しい自由労働イデオロギーをホイッグ党の中心的議論に取りこむ気配を見せはしたが、それはあくまでイリノイに戻った後を見据えた展望であった。引退後に向けてイリノイホイッグ党内でどのような政治立場を維持するのか、それともすんなり引退するのか。選択を迫られる彼は、この時期、全国的争点に議論を広げるよりも、なお州内地方政治に最大の関心をおく政治家にとどまらざるを得なかった。

しかし、彼が連邦下院を辞してイリノイに戻った一八四九年頃から、全国的政治社会状況の方がイリノイ政治を基盤ごと揺さぶるような地殻変動を始めた。奴隷制問題を核心に取り込んだその激震にいかに対処するか。新たな課題はリンカンが、イリノイの地方政治家から全国的政治家へと飛翔するうえでの、やがて決定的分岐点となる。

第四節　リンカンの特徴

彼の宗教性

イリノイに戻った一八五〇年代に議論を進める前に、三〇年代前半から四九年にかけてリンカンが、政治家以外の面で見せ始めていたいくつかの特徴を整理しておくことも無駄ではあるまい。

彼の友人は、リンカンの演説、また仲間内の会話は機知に富むばかりか、ユーモアを伴って面白いと評した。説明に当たって、対照的事柄を例として論点を明らかにする彼の手法は、挙げられた事例への諧謔《かいぎゃく》のきいた言い回しなど、なるほど人々の笑いを誘う機略に富んだ。それは大衆政治家としての彼にとって大きな財産であった。ちなみに彼は生涯、スピーチ・ライターを使わず、演説また大半の書簡を自筆した。

一方、彼は、既述の通り青年期から教会に全く姿を見せない人物であった。選挙の対抗馬はそのことから彼を「無神論者」となじる戦術をとった。一九世紀前半の合衆国政治では往々にして致命傷となりかねない攻撃であったが、彼は意外なほどにその批判を苦にする様子を見せなかった。世界観に即せば彼は宗教的奇跡を信ぜず、理解できないものは今のところ不可知と捉える立場をとった。政敵が彼に、神の存在を否定するのかと詰問したが、彼は否定、肯定のいずれもとらない曖昧な返事を繰り返した。

青年期から科学的であることを好んだ彼にとってその態度はごく経験的な生き方であったのだろう。実際には五〇年代に入った以後の彼は、メアリーの誘いで長老派教会に通うことになったし、また大統領期には聖書からの引用を演説で多用した。彼は無神論者であった訳ではなく、「祈り」とはあくまで個々人の心の問題であり、そのあり様は各自の自由であってよいと観念していたように見える。彼を啓蒙の子と評したい所以である。

信仰との関連で彼が三〇代半ばからみせた、道義や倫理に対する強いこだわりも興味を引く。彼は酒をほとんど嗜まず、政治以外の分野でも心理的動揺期を除くと、自らにかなりの自制心を課した律儀な男であった。

彼の結婚生活は決して平穏でなかった。妻メアリーはケンタッキーの名家出自を誇るなど虚栄心が強く、また華奢《かしゃ》を好んだ。そして気分の浮き沈みが激しかった。リンカン夫妻がホワイトハウスに住んで一年後の一八六二年二月、一二歳の三男ウィリーを熱病で失った以後は、メアリーはとくに鬱の症状をみせ、リンカンに対し息子の死の責任を負わせるような手ひどい言葉をしばしば吐いた。リンカンは私生活の一部で、メアリーとの間にある種の葛藤に近いものを抱えた。その軋轢に辛抱強く耐えた彼の生きざまは、妻に対する愛情であると共に、婚姻に対する深い倫理観に根差したように見える。

弁護士として

彼の生活は一八三六年以降、経済的には弁護士業によって支えられた。スプリングフィールドへの転居のきっかけとなったスチュアートとのパートナーシップを四一年に解消したあと、彼は自らの弁護士事務所の代表となり、四四年一二月に九歳年下のウィリアム・ハーンドンをパートナーに迎えた。以後、二人の関係は長く内戦期まで続く。四〇年代後半リンカンが首都ワシントンにあった不在中には、ハーンドンがイリノイ州内の政治情勢を伝える仲介役などを果たした。

下院議員を辞しスプリングフィールドに戻った五〇年代に入ると、有能弁護士とされるリンカンの評価は州内でも高いランクに数えられ、イリノイ・セントラル鉄道などの有力企業、また個人有力者を顧客に持つまでとなった。その時期の年収は、中産階級の上位である四〇〇〇ドルを超えた。

当然仕事として企業法務への関与が多くなったが、その一方で、彼はごく安い報酬で、周辺農民の債務関係の諍《いさか》いや土地に関する調停を引き受けていたことが知られる。リンカンの伝記研究者は、企業法務において彼が見せた鮮やかな法廷陳述とともに、弁護士としてのリンカンの本領はその庶民的関心事に親身であった点にあると評価する(Carwardineより)。たしかに彼は強い政治的野心を秘めた人物であったが、反面でユーモアに長け、「寛大なエイブ」という側面は、青年期以来保持した掛値のない特質であった。内戦下、彼が前線兵士に示した憐憫の情は、冷厳な戦時指導者という一面とはかけ離れ、彼の感受性、多面性を示していく。

なお、五〇年代、法廷弁護士としてリンカンが活動の主舞台としたのは、イリノイ州内、十数箇所の郡庁所在地で開かれる州巡回《サーキット》裁判所にあった。そのため、彼は一年の相当日数を裁判開催地に赴く州内旅行に費やした。旅行の傍ら彼がそれぞれの地で多くの政治的人脈を作り情報を収集したことは、イリノイがその時期大きく変貌していた事実を考慮すれば、重要であったに違いない。リンカンはやがて流入してくるイリノイ北部の新たな人脈にも知己を増やしたからである。そうした弁護士専業に戻ったリンカンから、われわれの議論も再開していくことにしたい。

第 2 章

翼をえた竜のごとく

1849〜60 年

1860 年大統領選挙年の 2 月 27 日，ニューヨーク市において．東部政界にデビューすべく，リンカンが最も正装した写真であろう

1849年から60年までの略年表

激闘ともいえる50年代を扱うこの章では，2年周期で事態が新たな展開を示した．

1849	3.	リンカン，スプリングフィールドで弁護士業を再開
52	7.6	イリノイホイッグ党，ヘンリー・クレイ追悼集会
		リンカン復帰の糸口を手繰り寄せる
54	10.	リンカン，政界復帰を目指し州議会議員に立候補
	10.16	リンカン，ピオリア演説
55	2.	リンカン，イリノイ上院議員選挙で敗北
56	5.	リンカン，イリノイホイッグ党の解党を決意
	5.29	ブルーミントン大会，イリノイ共和党の結成
58	6.16	リンカン，イリノイ上院議員候補に選出される．「2つに割れた家」演説
	8.21〜10.15	7回に及ぶリンカン対ダグラス論争
60	2.27	リンカン，ニューヨーク市クーパー・ユニオンで演説
	5.18	共和党全国大会(シカゴ)，リンカンを大統領候補に選出
	11.6	リンカン，大統領選挙に勝利．翌年3月，大統領に就任

第一節　変わる合衆国の領土と政治景観

雌　伏

一八四九年春、リンカンは、家族ともどもトウモロコシ畑に四囲されたスプリングフィールドに戻り、依頼人との応対、紛争の調停、また調査、法廷業務という型どおりの弁護士業務に戻った。アメリカ政治では非再選の下院議員に対して、大統領の恩恵として連邦の閑職があてがわれる場合があった。実際四九年初めのリンカンには、新設されたオレゴン準州の知事職の申し出があったが、リンカンは、それを受けなかった。彼の思いはあくまでイリノイでの再起にあった。

しかし、その日から一二年、六一年二月まで、彼は大統領選挙に勝利してイリノイを離れるまで、いかなる公選議席にも就くことなく、一介の弁護士であり続けねばならなかった。扱った法務案件は、数千件に及び、経済的には安定していたが、若い時期から政治を生涯の仕事と見定めていた男にとって、当座の数年は、焦り、悶々とすることも少なくない雌伏の時期であったろう。

五〇年代初め、リンカンはそうしたなかで、やがて自らの立ち位置を微妙に変えながら、停滞からの脱出口を見出した。遅くとも一八五二年半ば頃までには、彼は、それまで最重要とみなかった奴隷制問題に焦点を移し、合衆国の将来が奴隷制によっていかに制約されているかを論じるまでに論点を深化させた。

その変化は、一方で客観的な政治社会状況の変動によることが大きかったが、もとよりそれだけではなかった。変貌は本質的には彼の政治構想に関わった。奴隷制の存在は近代国家としての合衆国の発展と政治統合に、見逃しがたい負の影響を及ぼし始めているという、新たな確信であった――。

五〇年代イリノイを舞台としたリンカンと政界の新動向、そして彼の内部に膨らんだ政治理念を、歴史家フェレンバッハーは、リンカンが歩みだした「栄誉に向けてのプレリュード」とよぶ。

ちなみに、本書の冒頭に記したとおり一八五〇年代、世界史そのものがヨーロッパでの四八年革命などをへて、大きな変動期に突入していた。日本では徳川幕府が五八年、アメリカ総領事ハリスの圧力を受けて朝廷の勅許をうることなく、日米修好通商条約の締結を余儀なくされた。幕末維新の動乱の幕開けであった。世界の至るところで、保守的安定を促す気運が崩れ、地域の政治秩序が変動に晒され始めていた。

合衆国政治とイリノイ政治も大きく変動するが、アメリカでの幕開けは四六年からの対メキシコ戦争(米墨戦争)であった。

対メキシコ戦争をどのように理解するか

一八四〇年代半ばから合衆国の領土と政治の構造は、四五年一二月のテキサスの併合、翌四六年六月の米英オレゴン協定、さらに、その年五月から四八年までの対メキシコ戦争によって劇的に変容した(巻頭地図を参照)。総面積で旧領土の二分の一にも当たる西部領土が新規に編入され、合衆国は太平洋岸にまで達する巨大国家に転換した。なかでも急増する奴隷を擁した奴隷州テキサスの併合に続き、カリフォルニアなどの獲得に至った対メキシコ戦争は、もはや旧来の議論を陳腐化するほどの政治論理の変化をもたらした。ちなみにアメリカが西、太平洋のかなたに積極的関心を持ち始めるのもこれ以降である。ペリー提督率いる合衆国東インド艦隊の浦賀来航は五三年であった。

対メキシコ戦争が始まった四六年の夏までには、新しい政治対立の構図が明確化した。大統領ジェームズ・ポークそしてあらかたの民主党指導者は、開戦をメキシコ側の侵攻が引き起こした合衆国への挑発だと言い募り、応分のメキシコ領土の獲得を標榜した。それに対し、ニューヨーク選出下院議員ヒュー・ホワイトまたマサチューセッツ選出ロバート・ウィンスロップら議会ホイッグ党の急進派は、戦争の本質は奴隷制の拡大を求める南部奴隷州勢力が起こした侵略戦争だと反論し、新領土への奴隷制の持ち込みを断固認めないという新しい争点を提示した。

対立は、支配政党であった民主党内にも浸潤した。四六年夏、ペンシルヴェニア選出デイヴィッド・ウィルモットら一部の北部民主党議員が、ホイッグ党と一線を画しながら、戦争によって獲得される新領土への奴隷制の持ち込みを禁止する法案を議場に提出した(以下、ウィルモット条項と表記)。彼らはその後民主党を割る有力な政治グループの結成を目指した。奴隷制問題をめぐって登場した民主党内ウィルモット派は、フリーソイル・デモクラットもしくはフリーソイラー(自由土地論者)と呼ばれていく。

一方、既成政党外でも、かねてから奴隷制の即時廃止論を説くアボリショニストなどの集団が、新領土への奴隷制拡大反対を旗印に蝟集《いしゅう》する政治的動きを強めた。

こうして四六年五月の開戦から四八年二月の講和条約成立に至るまでの対メキシコ戦争は、一方で強烈な愛国心を巻き起こす新領土獲得戦争に他ならなかったが、他方で、奴隷制が西部領土を、そして合衆国を変質させるというかつてない懸念を生み出す重大な転機であった。

奴隷制問題にどのように対処するか

新しい懸念は、奴隷制の拡大が合衆国の政体に及ぼす影響への評価に違いがあったため、当初、誰もが一気に関心を移行した問題ではなかった。総じてみればリンカンは、新しい問題の受け入れに時間を要した一類型であった。彼がその間連邦下院議員として論議の渦中にいたことを考えると、奴隷制問題に対する彼の対応は、少なくとも当初鈍重とさえ言えた。開戦から二年弱の四八年一月、連邦下院の一年生議員としてリンカンが臨んだ最初の演説は、意気込みとは裏腹に彼の初期の奴隷制拡大問題に対する鈍さを示していた。

彼は言う。一年半前にポークが議会に送った開戦の教書は、メキシコによるリオ・グランデ川国境の侵犯、進攻を騙った根拠のない偽装であり、「この戦争は明らかに大統領による不必要で不法な侵略戦争である」。しかも「大統領は現在メキシコ領土の半分の割譲から、場合によって全土までも望むという定まらぬ目的に揺れ、混乱の極みを呈している」(一月一二日下院での演説 CW1, 431-442 より)——。

リンカンが展開したこのポーク批判は、以上のように領土問題に触れたが、あらすじは隣国への進攻を不当と論難する道義論であった。とくに目立ったのは彼が戦争を、南部奴隷州が求める奴隷制の拡大要求と結びつける論理を完全に敬遠した点であった。そのため奴隷制の西部新領土への拡大阻止という新しい争点に対して彼は、これという判断さえ示さなかった。すでにホイッグ急進派は奴隷制拡大への懸念から、メキシコ領からの即時撤退を主張していたことから測れば、リンカンの議論は数歩も遅れていた。

その後、米墨間のグアダルーペ・イダルゴ講和条約(四八年二月)がアルタカリフォルニア(スペイン統治時代の北部カリフォルニア)およびニューメキシコの合衆国への譲渡を決定するに至っては、リンカンの立場の曖昧さは際立っていった。条約締結を受けて、対メキシコ戦争がもたらした新領土への奴隷制の拡大禁止を謳う動きは先鋭化し、四八年夏、一部のホイッグ党政治家が党を離脱、民主党のフリーソイラーと合流することで、新党、自由土地党を誕生させた。奴隷制問題をめぐって二大政党を批判する自由土地党の結成は、以後イリノイでは政党再編の核となる激震であった。

しかし、その政界再編の地響きが巻き起こるなかでも、リンカンは、四八年の大統領選挙を通して、自由土地党はホイッグ党の勢力を削ぐだけだとなじる現状維持の立場を墨守した。ウィルモット条項そのものには賛成だが、奴隷制問題にこだわることで南北対立をいたずらに激化させる言説には、あくまで慎重であろうとする彼の保守的姿勢は変わらなかった。

奴隷制問題を忌避する背景には、イリノイのホイッグ党が置かれた事情が深く関わった。リンカンの州支持基盤には、既述したように南部社会また経済と繋がりを持つケンタッキー出身者が多数存在した。奴隷制の拡大要求を、憲法体制を脅かす南部州の異様な挑戦だと反発する態度は、そもそも劣勢であるイリノイでの党の存続さえ脅かしかねない。周囲にそのような声が強いなかで、リンカンは対メキシコ戦争には批判的であっても、戦争を奴隷制問題に結びつける論理ははっきり避けようとした。

転　換

一八四九年初めイリノイ政界においては、連邦議会でさしたる成果も残さず戻ったリンカンを、近い将来ホイッグ党の命運を左右する人物とは誰も想像しなかった。ただリンカンの側は、スプリングフィールドの『イリノイ・ステート・ジャーナル』紙などと昵懇な関係を維持し、情報収集に努めていた。そうした部外の彼を揺さぶった最初の重大事件が、四九年一二月から翌五〇年九月にかけて首都ワシントンで吹き荒れた、メキシコから獲得した新領土の有様に関わる、第三一連邦議会第一会期の動向であった。

会期の冒頭からホイッグ党急進派、そして新党・自由土地党は、カリフォルニアならびにニューメキシコという新領土への奴隷制の拡大阻止の法案を練り、民主党政権への対決色を強めていた。しかし、彼らの主張に重くのし掛かったのは、対抗する南部政界の大立者ジョン・カルフーン(John C. Calhoun サウスカロライナ選出)が四七年二月に提唱した、連邦議会には、新領土における奴隷制に対し決定を下す権限はないという、新しい憲法論であった。

カルフーンはその迫力ある議論の中で、わが国はそもそも州の連合体であり、州の内なる制度である奴隷制について連邦議会は決定のいかなる権限も持たないのが、合衆国国家の成り立ちであると断言した。それ故にと彼は敷衍した。「新領土として編入される二つの地域は共和政体である限り、すべてを自らが決定し、準州政府そして州政府を組織することができる。連邦政府はそれを承認するだけでしかないのだ」と(二月一九日における上院でのカルフーン演説 *CG* より)。

カルフーンの主張は対メキシコ戦争の最中、連邦議会に提出されたウィルモット条項の主張を憲法論の立場から根底的に否定し、奴隷制が新しい西部領土のいずれの地にも自由に拡大できると謳う、南部奴隷州の政治的挑戦であった。五〇年一月から表面化した政治闘争は、連邦議会の権限範囲、そして連邦政府と州制度との関係にも議論が及ぶという、合衆国政治体制の根幹部分に触れる深刻さを孕んで激化した。

結局五〇年の議会はその対立を、従前とかわらぬ複雑な政治的妥協によって解決しようとした。下院ホイッグ党の重鎮ヘンリー・クレイが原案を練り、民主党の上院議員スティーブン・ダグラスが工作を積み重ねることで九月初めまでに成立したのが、ホイッグ穏健派と奴隷州の要求を折衷する「一八五〇年の妥協」とよばれた一連の法であった(以下、五〇年妥協と表記)。

カリフォルニアについては、住民多数の支持があるという理由で、連邦への自由州としての参入を直ちに認める。しかし、ニューメキシコ地域に属するアリゾナ等については、いまは奴隷制にふれず、将来準州政府の組織の段階において、住民の意向によってあり方を決定するという内容であった。

その二つの決定は、基本的にはカリフォルニアの州昇格を認めねばならない当面の政治課題のもと、議会がカリフォルニアと他地域を区分して妥協的に成立させたものであり、全体に原理的根拠や連関があったかどうかは、不明であった。ただ長期化した政治対立は、意外な結果をもたらした。妥協の推進者ダグラスは会期後、奴隷制に関しては、準州政府を組織する住民が自らの合議で決定するのが原則であり、連邦議会はその決定に従うのみという、「住民主権 popular sovereignty」という新しい政治原理が採用されたのだと主張した。先のカルフーンの連邦論を抱き込んだその新説は、当座の妥協を超えて、対立を拡大させる巨大な芽を含んだ。

五〇年妥協を構成する一連の法には、新領土の処理の他に、南部奴隷州がそれまで連邦に求めていた、新逃亡奴隷法が盛り込まれた(九月一八日成立)。長年逃亡奴隷に悩む南部を支援するこの法は、北部に逃げた奴隷を連れ戻す連邦政府の義務を再確認し、捕縛のために連邦保安官などがとる行動や、権限の強化を明記した内容であった。これに反発した自由土地党創設者のひとり、後のマサチューセッツ選出上院議員チャールズ・サムナー(Charles Sumner, 一八一一—七四)は、本来自由である合衆国とその制度が、いまや奴隷制によって使嗾《しそう》され始めたという、国家としての危機感を強烈に訴えた。その後サムナーが政治論争の中核に躍り出、奴隷制をめぐる対立が激流と化した転機であった。

リンカンが奴隷制問題に本格的に目を向け始めたのは、夏まで続いた五〇年連邦議会の論争と決定を受けてであった。その年秋ごろからリンカンは、議会の妥協の先に予想される危機を正面に見据える姿勢を取り始めた。なにより彼が凝視したのは、五〇年妥協に関わる中心の政治家が、イリノイ選出のダグラスだった点にあった。同じイリノイのダグラスが掲げた「住民主権」の原理は、リンカンにとって到底受け入れ難かった。

第二節　変化するリンカン

もはやフロンティアではないイリノイ

一八五〇年代に入ろうとするイリノイは、リンカンが青年期を過ごした頃の真正のフロンティアではもはやなかった。点々と散開する小屯、絶望的に必要な交通手段の整備が争点であった状況は薄れ、中西部の要となったこの州は、経済的ばかりか社会的にも、今後合衆国社会でどのような位置を占めるかという、新しい地政的優位を模索していた。州の将来に関わる思惑では、四六年以降に拡大した西部新領土の問題はなにより死活的であった。イリノイは西部新領土に近く、それとの経済的、人口的関係の構築が、今後の州の発展に直結した。

イリノイ人口は継続的に増加していた(二四頁の表1を参照)。しかも前章で述べたごとく、四〇年代後半から既存の南部出身住民をはるかに上回る形で、州北部を中心に東部からのヤンキー移住者が増加した。人口数千人規模の集住地が簇生《ぞくせい》する都市化に加え、建設事業・交通インフラの拡大を支える労働力として、アイリシュ系移民またドイツ系という移民労働者家族も増加した。イリノイの北、ウィスコンシン、ミネソタにも東部からの移民が増加し始めていた。

社会の多様化が進むなか、イリノイ北部を中心に流入した福音主義的プロテスタント系教会の各会派は、自由土地党支持者、あるいはアボリショニストに共感を示すなど、独自の文化規範を強調する傾向を強めた。かつて兄ラブジョーイを群衆によって殺害された弟オゥエン・ラブジョーイが、三八年以降イリノイ会衆派教会で目指した反奴隷制の説教運動は、奴隷制に寛容であった会衆派内の改革運動として、四〇年代末には一〇〇を超える教会に広がった。会衆派ばかりかメソディストも、教会メンバーから奴隷所有者を排除する立場を説き始めた。

総じてそれらプロテスタント会派は節酒を謳い、敬虔を強調するばかりか、勤勉で自由な労働が最も高い社会的価値を持つと強調することで、急速に成長する都市また拡大する農業社会の安定した秩序の形成を標榜した。ひろくそうした中産階級志向の住民を支持基盤とする会派からは、カソリックやアイリシュ移民の流入がもちこむ飲酒癖や喧噪、売春などの社会的「汚染」をとがめる気運も登場し、移民を取り込もうとする民主党との溝がそこでも広がった。

民主党は、一八三〇年代初めからイリノイを席巻してきた支配政党であり、その影響力は五〇年代に入っても直ちに低下した訳ではなかった。四八年時点では、連邦下院議員七名の内六名を送り、上院議員二名も独占した。

しかし州北部での新しい文化傾向と自由土地党支持者の台頭が、この州でも、五〇年頃から奴隷制問題を避けがたい争点へと押し上げた。政治家としてのリンカンに再浮上のチャンスを与えたのは、つまるところ五〇年連邦議会の頃から強まり始めた州北部における、反ダグラス路線の隆起にあった。

イリノイ民主党に浸潤した内部亀裂

一八三六年リンカンと同期でイリノイ州議員となった四歳年下のダグラスは、緻密な論理力と雄弁を武器にリトルジャイアン(小さな巨人)と呼ばれ、瞬く間に連邦政界に飛翔した。四三年にイリノイ第五区で連邦下院議員を射止めた彼は、ワシントン入り後、メキシコとの開戦を熱烈に支持する対外領土膨張主義者として頭角を現した(四八年上院へ)。

とくに五〇年、連邦上院議員として第三一回連邦議会を迎えた彼は、五〇年妥協の取りまとめに主役を演じ、翌五一年には次期民主党大統領候補を狙うまでに輿望《よぼう》を集めた。

間違いなくダグラスの躍進は、彼の能力によったが、それを驚異的としたのは、イリノイが

スティーブン・ダグラス

州として経済的また社会的に中西部の要となった過程と重なった。一八四〇年を境に州政府直轄による開発事業の多くは頓挫したが、それでもイリノイの交通体系整備は全体としてみると目覚ましい進展を遂げた。四〇年代半ばからの景気の回復によって、中西部の拠点であるこの州には再び大量の民間資本が流入したのである。

活気を帯びた経済下でダグラスが手がけた最大の州関連事業が、イリノイ・セントラル鉄道の建設であった。シカゴから州を縦断して南部ケンタッキー州へと繋がり、他方、西隣のアイオワ州にも至るという、イリノイを南北および東西に繋ぐ基幹鉄道建設の計画は、三六年総合開発計画の目玉であったが、あまりの事業規模からいったん中断を余儀なくされた。ただその間に完成したイリノイ・ミシガン運河によって、イリノイ北部の発展はすでに緒についていた。イリノイ西部から、また南部からも、イリノイ・セントラル鉄道建設が再び現実味ある計画として求められ始めたのは四〇年代末であり、中心にいたのがダグラスであった。

彼は四八年から五〇年までに、連邦両院を動かして鉄道敷設に関連する二六〇〇万エーカーもの連邦公有地を州に無償で獲得し、あわせて州特許法人の設立による鉄道敷設事業の立ち上げを全力で進めた。五一年、ニューヨークの鉄道事業家ロバート・スカイラーらの参入をうけて事業化に入ったイリノイ・セントラル鉄道は、五年後の五六年に全線を完成した。シカゴから南にむけてケンタッキー州、そしてテネシー州メンフィスに至り、また西方路線はアイオワ州をぬけてオマハ（ネブラスカ）にまで至る巨大鉄道であった。のちにカリフォルニアまで突き抜ける大陸横断鉄道の東の起点が、そのネブラスカ・オマハであったことを想起したい。この時期から太平洋への鉄道建設までが、シカゴに結びつく一大路線として構想され始めたのである。

イリノイ州内だけで全長一一二〇キロを誇った巨大鉄道が五六年に完成したことにより、シカゴは、北にウィスコンシンを持ち、西ではアイオワなどミシシッピ川河岸州も経済的後背地とする大都市への展望を拓いた。しかもその間五三年には、ニューヨーク、フィラデルフィアという東部大都市とも鉄道で繋がった。四〇年代後半、スプリングフィールドに住んだダグラスは、五〇年、地価が高騰するシカゴに大きな土地を得て転居した。その時点でのダグラスは、イリノイの未来を自家薬籠中のものと見据えていたのであろう。

しかし、イリノイ北部の発展そしてシカゴの躍進は、既述のように新規住民の大量流入、そして新しい文化規範の台頭などを通して、ダグラスの思惑とは異なる政治的結果へと繋がっていった。

五〇年の議会論争を契機に、州北部民主党内から自由土地党の主張に肩入れする勢力が顕在

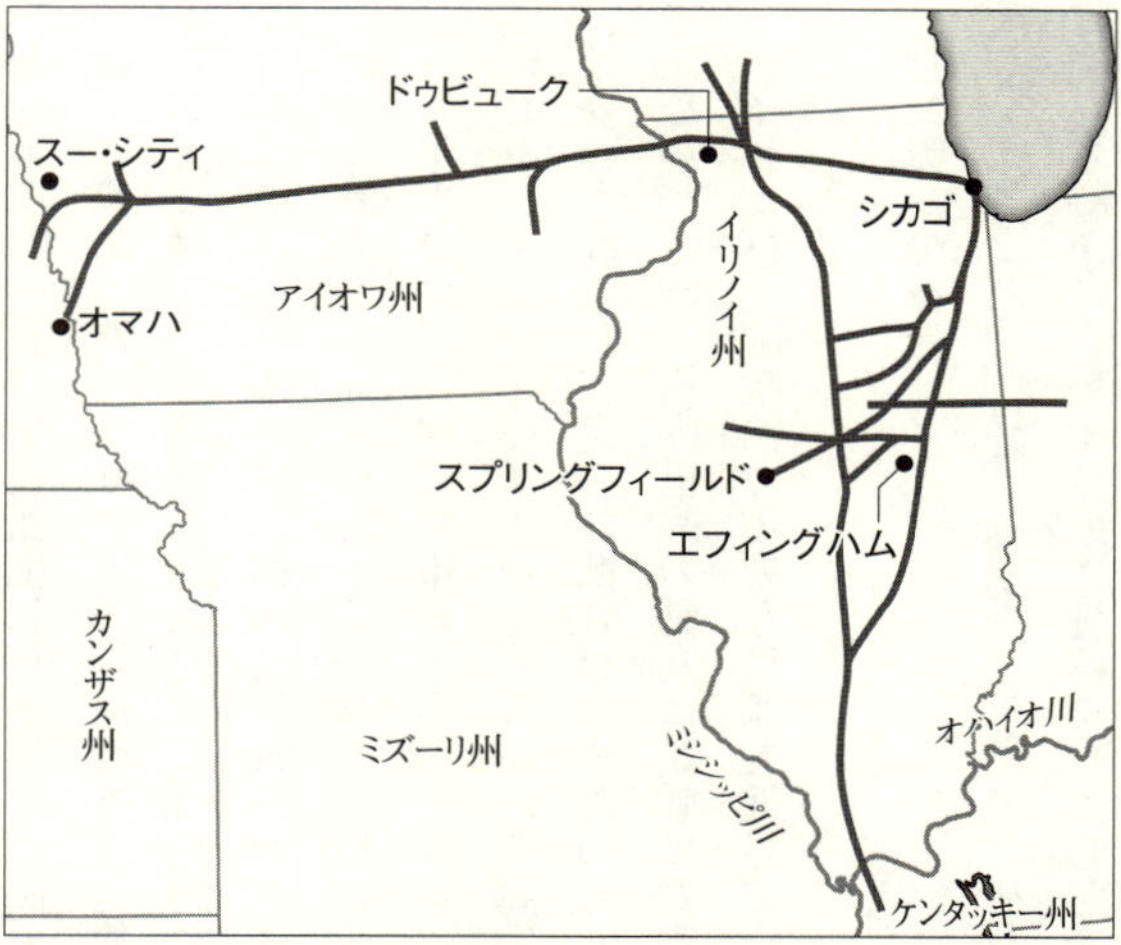

1856年に完成したイリノイ・セントラル鉄道(1877年時点の路線図)

化したことは、ダグラスにとって衝撃であった。五〇年の春頃、ワシントンにおいて妥協に向けての駆け引きが続くなか、地元からダグラスに向けられた不信の声は、支持者の声に劣らぬ規模であった。自由州の政治家でありながら奴隷制の拡大を認めるなど、「なぜ南部奴隷州の要求にそれほど妥協するのか。われわれはメキシコから獲得したすべての領土に対し、連邦議会が奴隷制を明確に禁止するウィルモット条項の実現を求める」という声であった(Johannsen より)。

シカゴを選挙区としたジョン・ウェントワース(四二年以降イリノイ州第四区選出民主党下院議員)は、地元の声に押され、ダグラスとの間に距離をとり始めた最初の有力者であった(同前より)。

五〇年妥協を通して表面化したイリノイ民主党内の亀裂は、その後州北部でのダグラスの威信低下に直結した。イリノイの経済圏拡大を旗幟《きし》に掲げて党勢のさらなる拡張を期待したダグラス主流に対し、奴隷制の拡大要求に宥和的で、南部奴隷主勢力に媚びる彼の姿勢には同意できないとするイリノイ民主党内反対派の動きは、民主党とホイッグ党との二大政党対立構図が、全国的にも大きく揺らいでいく一八五〇年代政治変動の、イリノイ版であった。

五五年までに、元シカゴ市長であったジェームズ・ウッドワースが、ダグラス民主党主流と決別した。イリノイ民主党に属した州最高裁判事ライマン・トランブル(Lyman Trumbull)が五〇年妥協を批判し、党への批判を強めたのも五一年以降であった。彼は決して進歩的な法律家ではなかったが、州内世論の動向に鋭敏に対応することで、やがてリンカンの盟友となり、イリノイおよび全国政治で重要な役割を演じていくことになる。

リンカンの復活

「五〇年の妥協」以降、首都ワシントンから騒めきとして伝わった西部新領土の奴隷制問題に関わる論争は、民主党内に軋轢をもたらしたことから、当面はイリノイホイッグ党に追い風をもたらした。実際、五二年秋の連邦議会下院選挙は、民主、ホイッグ両党の関係の歴史的転換を画した。その年から二つ選挙区が増え、イリノイ全体で九区となった連邦下院議席の内、ホイッグ党候補者は四つの区を制し、民主党と拮抗する結果を獲得した。第一区のイライヒュ・ウォシュバン(Elihu B. Washburne)、三区ジェシー・ノートン、四区ジェームズ・ノックスはいずれも新人であった。

その第一、第三、第四区はイリノイ北部にあり、ニューイングランドやニューヨークという北部自由州からの移住者が多い地域であった。当選したウォシュバンら三人も、東部から移住した弁護士であり、南部ケンタッキー出身者が多いイリノイ第七区(ホイッグの伝統的地盤)とは、はっきり出自も文化傾向も異なる住民からなった。

四〇年前後の時期から、ウォシュバン、ノートン、ノックスらが移住したイリノイ北部には、さらにアボリショニズムまた自由土地党に繫がる言説が展開した。わけてもウォシュバンは、対メキシコ戦争の最中からウィルモット条項を最重要争点に掲げてイリノイ政界に身を投じた、反奴隷制色を鮮明にする、ハーヴァード大卒の秀才であった。リンカンより七歳年下であった彼は、以後、リンカンを長きにわたって助けていくことになる。

五二年の夏、そうした第一、三、四区のすべてでホイッグ党候補が連邦下院議員選挙を有利に進めつつあった状況を、州中部七区に属する党の古参リンカンは、ホイッグ党の新傾向として捉えた。おりしも七月六日イリノイホイッグ党は、独立記念日にあわせ、六月に亡くなった全国ホイッグ党指導者ヘンリー・クレイの追悼頌徳集会を開催した。その基調講演者として登壇したリンカンは、集会をイリノイホイッグ党の拡大を目指す新たな起点とすべく目論んだ点で、抜かりない戦略家に変身していた。追悼演説を利してリンカンは、彼の内部に熟成し始めた反奴隷制にむけた政治思想を解説することで、自らが今後のイリノイホイッグ党の中心指導者たることを強烈に印象づけるという、渾身のパフォーマンスを発揮し始めたのである。

クレイ追悼演説

その日リンカンは、議論のすべてを奴隷制問題に費やした(以下、四二年七月のクレイ追悼演説 CW2, 121-132 より)。

顧みれば奴隷制問題は、かつてミズーリをめぐる一八二〇年の議会論争時がそうであったように、国家としての合衆国の根本を引き裂く厄介な争点であった。われわれはそのことから、既存の奴隷制の存在は認めるという形で歴史的に慎重に対処してきた。しかし一方で、奴隷制は決して恒久化されるべきでなく、漸次的であっても徐々に消えさることが、この国の自由の、そして人間性(humanity)の原理だとする立場をとってきた。

しかし、対メキシコ戦争以来、ジョン・カルフーンらの南部指導者が目指した動きは、合衆国のその原理に根幹から異を唱える反撃だった。彼らはいまはっきり奴隷制の永遠化を目論んでいる。そのため「すべての人間は自由かつ平等に造られている」という、この国の原則をも、陳腐な政治的標語と揶揄《やゆ》する驚くべき態度をとっているのである。

独立宣言書を、合衆国政治制度が長年にわたって至上とした自由と平等の核心だと説く論法は、リンカンが三八年の青年団演説ですでにとった手法であった。しかしいま彼は、その宣言書の論理が南部の奴隷制とは明確に相容れない原理だと位置づけ、三〇年代にはない伸びやかな議論の展開に挑んだ。しかも彼は、近年の混乱が南部奴隷州の挑戦によって起こったのだとする新たな歴史理解を示していた。

一九世紀前半を通してわが党指導者クレイは合衆国の統合の維持に腐心した偉大な政治家であった。しかし、彼のごとき先達の努力にも拘わらず、合衆国政治はいま再度の思想対立と地域的分裂の危機に直面している。一八五〇年妥協が孕む最大の問題は、南部奴隷州指導者の横車的膨張主義、そして奴隷制の拡大要求が、従来この国の政治が奴隷制について内々に合意してきた原則の多くを覆し始めた点にある。

リンカンはその議論を、同時代のいくつもの政治論との擂り合わせによって彼なりに再編成していた。

広くみて一八三〇年代末から四〇年代、合衆国の政治思想は、アボリショニズムを異端としながらもその影響を一部吸収し、独立宣言書がいう自由と平等を共和制の下での崇高な統合原理とみることで、奴隷制に対しより厳しく対峙する論理を取り始めていた。四八年に自由土地党結成の思想的中心となったサムナー、またサーモン・チェイス(Salmon P. Chase)は、西部新領土への奴隷制拡大に反対するという主張を、独立宣言書の原理に基づくものとして掲げた。さらに五〇年には、上院で五〇年妥協を批判したニューヨーク選出上院議員スワードも、憲法を超える「より高次の法」という表現でその新しい論理の正当性を謳った。リンカンは三者に出遅れていたが五二年、彼らの主張と擂り合わせることで、新たなイリノイホイッグ党の政治主張の核に、独立宣言書がいう自由と平等をおき、それとは齟齬をきたす奴隷制の拡大という、二極対立の論理を鮮明に刻み込むことで、いま再起を図ろうとしていた。

五二年七月六日、リンカンのクレイ追悼演説は、こうして一八四〇年代末からホイッグ急進派そしてイリノイホイッグ党が見出した新しい合衆国統合原理にも相当したが、それだけに彼の講演には今一つの特徴が織り込まれていたことに注意しておこう。リンカンはこの演説で「すべての人間は自由で平等である」と語るに先立ち、「白人の自由の憲章 white-man's charter of freedom」という表現を添えた。文字通り彼がいう西部新領土に移住する自由や平等とは、政体論としてみれば白人のみが占有する人種主義的性格を持ち、黒人を排除する趣旨を掲げるものであった。

しかしその一方で、リンカンは、黒人の人間性を否定しないと演説で言明していた。つまり「すべての人間は自由で平等である」という文言は、思想である局面と政体論である局面とでは、全く異なる意味を持つというのであった。

リンカンは、クレイが設立に関与したアメリカ植民協会運動によせて、その「平等」と「排除」の論理の綾を次のように矛盾ないものと示して見せた。「わが共和国は黒人の人間性を決して否定しない。したがってこの国の一部にこびり付く奴隷制は、人びとを鎖でつなぎ、しかもそうした人々に対し、人間として抱く当然の同情や慈善的思いを抑圧する点で、普遍的悪だとわれわれは告発する。鎖につながれた黒人たちの自由と人間性が回復されねばならないのである。畢境《ひっきょう》この国の奴隷制の廃止は、彼ら黒人を「西部の新領土にではなく」アフリカの地に帰還させる贖罪の事業を伴うべきものなのである」(再びクレイ追悼演説より。傍点引用者)。

一八一六年、長老派牧師ロバート・フィンリーらによってワシントンDCに設立されたアメリカ植民協会(American Colonization Society)とは、自由黒人あるいは解放奴隷を合衆国にとどまらせるより、奴隷の故地アフリカ、とくにリベリアへと帰還させることが望ましいとして、一八六七年までに一万三〇〇〇人ほどの移住者を送った、自称、博愛主義に基づく団体であった。ただ活動は、四〇年代後半には財政難や反対のためにすでに行き詰まっていた。

リンカンはその植民協会に触れて黒人をアフリカの故地に戻すという、今日では詭弁にみえる論理と手法によって、イリノイ政治が孕む革新の微妙な琴線を明確にしたのである。彼の演説に先立つ五年前の一八四七年、イリノイは州憲法改正によって、州内での奴隷制を禁制する一方、たとえ解放された自由黒人であっても、黒人のイリノイへの移住を禁止するという新条文を採択した。端的に言えばその州憲法修正は、イリノイは自由労働の世界であることを明確に宣明するが、あわせて、政体としてのイリノイはニガーを排除するという、人種純潔化への宿願を内包する文書であった。

リンカンは五二年に入って、中西部に位置するイリノイホイッグ党をまとめる新しい統合原理として、西部新領土での奴隷制を否定し、自由の貫徹を主張する展望を掲げた。しかし同時に彼は、未来に向けた西部における自由の論理は、白人の移動の自由であり、黒人は除くという、合衆国政体の人種主義論理をも巧みな形で展望に織り込んだのである。

やがてリンカンは、黒人の人格を認める主張と黒人を政体から除外する論理との間には、法の一元性を求める国民国家の正義として、容易に架橋できない矛盾が横たわることに気付いていくが、それはかなり先の、内戦の厳しい経験を経てであった。内戦開始時期まで、彼の黒人に対する認識に変化はなかった。

第三節　イリノイ共和党の形成に向けて

五四年カンザス・ネブラスカ法の成立

一八五〇年議会で噴き出した政治対立に影響を受けたリンカンは、一年半ほどの省察をへた五二年の夏、以上の論理で西部領土への奴隷制拡大に反対する立場を対民主党の最大争点に据えたが、その判断は、二年後ワシントンで炸裂したより激烈な政治闘争を通して、彼を新たな決断に踏み切らせることとなる。長年にわたって帰属したイリノイホイッグ党を掌握するにとどまらず、その発展的解消へと突き進む過程であった。

五四年、彼の生涯をかけた新しい闘いが始まったが、発火点は五〇年と同様、首都ワシントンにいるダグラスであった。

その年一月四日、連邦議会上院に領土委員長としてダグラスが提出した新法案は、四年前のカリフォルニア州昇格問題と同じく、現地が求める要望と喧伝された領土処理案であった。ミシシッピ川の西で北緯三六度三〇分から四二度三〇分に挟まれた大草原の地に、統治機構として準州ネブラスカを組織し、住民の定住を促そう。その地は、新領土カリフォルニアへと繋がる大陸内陸部の中央通路にあたる。すでに太平洋岸に向けた大陸横断鉄道建設の計画が練られ、議会は調査費を承認している。鉄道建設の促進のためにも、今の時点で準州ネブラスカを組織しなければならない、というのであった(巻頭地図を参照)。

先にダグラスが建設に奔走したイリノイ・セントラル鉄道路線の西の端は、ネブラスカにあるオマハであった。ダグラスの提案は、そのオマハから太平洋岸カリフォルニアまでの鉄道建設を展望した。合衆国政治の争点に、西部準州への奴隷制の拡大問題と重なって、準州に住民が実際いかに拡大していくかという移動の形態、交通手段の問題が争点に浮上してきた契機でもあった。

最終的に五月三〇日に成立した法は、当初の法文にあったネブラスカ準州一つに代わって、南にカンザス準州、北にネブラスカ準州の二つを分けて設けるとしたため、カンザス・ネブラスカ法と呼ばれた。

ダグラスはその法を全国民主党の統合力を高める新時代への起爆力と想定した。太平洋岸までが合衆国領土となった今、西部未開拓地への早期入植、住民の増加、国家領域としての一体化が合衆国の喫緊の課題だとする巨視的観点であったが、その遠大な構想に、彼は、南部民主党の支持を得るべく、準州には奴隷制も拡大可能となるとする文面を盛りこんだのである。組み込まれたのが、五〇年妥協でダグラスが認知を得たと高唱した「住民主権」論であった。

準州を組織する段階で居住民が奴隷制の是非も含めて統治の諸規定を確定する。そのような住民の自治はこの国のまさに建国の論理であり、連邦議会は奴隷制を含めた準州の決定をありのままに承認すべきであると(Douglas より)。説明は緻密であったが、眼目は、ネブラスカにおける奴隷制是非の決定から連邦議会を外すという、南部年来の主張の取り込みであった。

事実としてはダグラスが指定したミシシッピ川の西領域とは、すでに一八二〇年に成立したミズーリの妥協と呼ばれる連邦法によって、連邦議会が法的に奴隷制の導入を禁止した草原地域であった。しかしダグラスは新たな合衆国の発展のためには、二五年も前の連邦法は廃棄してよいとみなし、その抹消をも法案に明記した。これにより上院での法案賛成票三七のうち二三が南部奴隷州選出議員票となり、反対一四票のうち南部票は二票のみであった。カンザス・ネブラスカ法が、圧倒的に南部奴隷州の支援で成立したことは誰の目にも明らかであった。

もとよりダグラスはそれこそが合衆国の新しい統合のあり方だと論じた。北部の民主党も一四票が賛成を投じ、大筋法案支持でまとまったではないか、と。むしろ彼の見るところ、この法によって混乱をきたしたのは、対抗するホイッグ党であった。法案への対処でホイッグ党は完全に分裂し、採決時点ではホイッグ党上院議員一五名の賛否が南北で八対七と、真っ二つに割れた。すべての奴隷州選出議員が賛成し、自由州のそれが反対に回った。ホイッグ党は、この重大問題でまさに党としての体裁さえ保てなかった。

カンザス・ネブラスカ法の成立は、こうしてその時点ではダグラスと民主党の圧倒的勝利にみえた。カンザスにおける準州の組織化が直ちに開始された。ところがそれから一年後、全国ホイッグ党は無残なまでに土台から崩れたが、代わる強力な新党が北部を中心に登場した。カンザス・ネブラスカ法に反対票を投じた北部ホイッグ政治家を中心に、民主党の一部、そして自由土地党およびアボリショニストらを巻き込んだ、爆発的な政党再編の動きが北部を覆ったのである。二年後の五六年、全国共和党の結成へと繋がるうねりの波濤を、以下、反ネブラスカ運動と呼ぶことにする。

政界への復帰

リンカンはまさしくその反ネブラスカ運動の渦旋《かせん》に乗って、政界への復帰を一気に果たした人物となる。一八五四年九月四日、イリノイ州議会選挙に立候補を宣言し、以後一一月初めまでの二か月、彼はホイッグ党候補者として、イリノイ民主党との選挙戦を闘った。連邦下院議員を辞した時から数えれば、実に五年半ぶりの、政界復帰を目指す選挙戦であった。

実のところリンカンの所期の目標は、もはやイリノイ州議員そのものでなかった。州議会選挙を通してホイッグ、さらには反ネブラスカ勢力を取りまとめることができれば、はるかに上位の、年度末に改選が予定されるイリノイ選出連邦上院議員に手が届くかもしれない（当時は民主党ジェームズ・シールドの議席)。連邦上院議員の選出は直接選挙でなく、選出された州議員の選挙によった。州選挙戦に参加しイリノイ民主党勢力を圧倒することで、シールドに代わり連邦上院へと進出する。それが、リンカンが描いた政界復帰の大戦略であった。

五四年の春から、反ネブラスカ勢力の動きは、北部自由州各地に発火した野火にも似ていた。ただ、その勢いを州単位で具現化し、まとまりある統合勢力へと結束する役割は、各州政治指導者の力量によった。五二年七月クレイの追悼演説を足掛かりとしてイリノイホイッグ党内に地盤を築いたリンカンが、五四年夏からみせたさらなる変貌ぶりこそ、政治家リンカンの真の飛躍であった。彼は、時代の争点を鷲づかみにしたかのように、一挙にイリノイからさらに全国政治家への雄飛を目指すこととなる。

その年一〇月リンカンは、ワシントンから凱旋将軍のごとく帰郷したダグラスに直接申し込む形で、二人による公開演説会に挑戦した。その場合、二人の演者は一見非対称であった。ダグラスはイリノイ民主党を代表する現職連邦上院議員であった一方、リンカンは、表向き州議会選挙に立候補した一ホイッグ党員に過ぎなかった。しかし、すでにイリノイにおける民主党とホイッグ党勢力は、拮抗し始めたことが知られたし、リンカンがイリノイホイッグを代表する位置に向かいつつあることは衆目の事実であった。両者の直接対決は注目された。なによりイリノイが抱える政治争点がまさに全国政治の争点と、ぴったり重なり始めていた点が重要であった。

演説会は一〇月一六日前後に数回行われた。いずれも同規模で、今日詳細な史料が残る一六日のピオリア市のそれは、ダグラスとリンカンがそれぞれ三時間を費やす大演説会であった。イリノイにおける反ネブラスカ勢力の結集と、さらに自らの野望、連邦上院議席獲得にむけて、ピオリアでのリンカンの演説は彼の渾身の闘いであった。以下演説の論旨をみてみたい(以下、ピオリア演説 CW2, 247–283 より)。

冒頭、リンカンは政治的にみると、奴隷制への批判と、「奴隷制の拡大」に対する反対とは全く異質の問題だといい、反ネブラスカ運動の結集点はあくまで後者にあると、議論の枠組みを慎重に構築した。「われわれが二四年前に合意し、権利として長く保持してきた、ミズーリ州編成時の連邦法を、ダグラスは実に不当に、あっけなく抹消した。ダグラスはその廃棄の根拠に「住民主権論」を挙げるが、そもそもそのような生煮えの新説をこの国のどのような政治議論また憲法解釈が正当と認めたのか」。リンカンは一気に「住民主権論」という核心の問題に迫った。

連邦の統合原理であるアメリカ共和主義の基盤は、すべての人間は自由という不可譲の権利を持ち、平等に造られているとする独立宣言書にある。南部諸州に奴隷制が続いてきた現実を、この国はある時点まで避け難い必要と認めてきた。しかし「それは歴史的経緯による妥協であったのであり、明確に悪である奴隷制度をこの後も連邦の公有地に持ち込む行為は、共和政体と国民の名において否定されなければならない。奴隷制についてダグラスが唱える、ネブラスカの「住民主権」なる論理は、そもそも存在しないのである」。

リンカンは奴隷制とその「拡大」とは、異なる政治問題だと言明したが、実際の議論では両者の区分を縦横に越境した。踏み越えた奴隷制への批判を通して、彼は「合衆国は州の連合体」であるとした、かの四七年カルフーンの奴隷制擁護論も根底的に否定した。「誰もが自由に労働に携わりうることが、この国のそしてわが社会の規範でなければならない。……われわれは連邦国家であるとしても、同時に自由労働を信奉する国民の国家なのだ」と国民の論理に言及した。

自由労働の国民であればリンカンは、奴隷制が「悪」だとする認識に結局触れざるを得なかった。かく言う。「人間が他者を支配できるなどという制度がいかなる意味で倫理的に支持しうるのか」。たしかに既存の州奴隷制度に、われわれは異を唱えない。しかし準州となり、やがては州に加わる新しい地域には、国民の論理として悪しき奴隷制の侵入は絶対に阻止しなければならない、とりわけ西部に近いイリノイ住民はそのことに敏感なのだと断言した。

全体の文脈ではリンカンの議論は、すでに十分な反奴隷制国民統合論、そして国家論へと仕上がっていたように見えた。敷衍すればその理論的道筋を示すことで彼は、反ネブラスカ運動を支える思想の普遍性と倫理性を訴えようとした。

しかしその一方で彼はこの演説で、徹底的に戦略的でもあろうとした。彼がピオリア演説に託したいま一つの思惑は、反ネブラスカ運動のイリノイ内での拡大のため、様々な意見と政治要素を最大限に取り込んでいく、新政治勢力統合に向けての配慮であった。

「奴隷制はその非人間性にも拘わらず、利益を生むというだけの理由で新しい土地のいたる所に侵入し根づく可能性を持っている。合衆国ではすでに奴隷州と自由州との色分けが終わろうとしており、ネブラスカはわれわれ白人が自由な労働を広げる上で残された最後の土地である。その土地を手放せば人類に自由の恩恵を示そうとするわれわれの役割は、大きく毀損されるだろう」。あくまで争点をネブラスカ準州問題に限定した上で、彼は次のように結論した。

新連邦逃亡奴隷法を、南北間の約束として忠実に履行すべきと論ずる比較的穏健な人々にも、われわれは門戸を開いておこう。彼らも、奴隷制のネブラスカへの拡大に反対するのであれば、われわれの陣営にある。一方、「奴隷制の悪をひたすらに語る急進的なアボリショニストとも、広い目的で手を結ぼうではないか。われわれがダグラス民主党に異を唱えるのは、ダグラスが唱える「住民主権論」が、われわれに近接するネブラスカへの奴隷制の侵入を認める暴論だという、その一点にある」。

ピオリア演説においてリンカンが勢力結集に向けて呼びかけたのは、穏健派からアボリショニストまでを含む政治的柔軟性でもあった。

イリノイ共和党の結成

一八五四年一一月の州議会選挙では、選出議員一〇〇名のうち反ネブラスカ運動に与《くみ》するものが民主党内の分裂も加わって、五七名と多数を占めた。ただし、その五七の内訳は、リンカンを連邦上院議員に推すホイッグ党系だけでは三分の二であり、彼の上院選出には、民主党の反ネブラスカ派に食い込む必要があった。

翌五五年二月、スプリングフィールドで行われたイリノイ州議会での連邦上院議員選挙・第一回投票はリンカンが四五票で第一位となったが、過半数に届かず、結局その後は漸減を続けた。行き詰まりが明らかとなった第一〇回投票で、リンカンはダグラス派民主党候補の当選を阻止すべく、同じ反ネブラスカを標榜する民主党のライマン・トランブルに自らの支持票を譲った。リンカンが統一反ネブラスカ運動の勝利のために踏み出した、政党の枠を超えた第一歩であった。

それによりトランブルは五五年、民主党籍のまま上院議員戦を制し、イリノイでの反ネブラスカ運動は一つの階梯を上った——。逆にリンカンは、いかなる議席にも残らず無役のままとなった。しかしリンカンが示した譲歩は、その後上院で共和党に転じるトランブルの協力もあって、重い意味を持っていった。

同時期に、各州でも共和党を結成する動きが澎湃《ほうはい》として生起し、イリノイホイッグ党リーダーとして衆目が認めたリンカンには、反ネブラスカに向けた新党結成の誘いが続々と届いていた。しかしリンカンは、五五年中はイリノイホイッグ党の解党、新党への移行に慎重であった。

彼の慎重さの背後には、五四年の選挙でダグラス民主党に拮抗しながらも、イリノイホイッグ党内の反ネブラスカ勢力がなお安定した基盤を持つとはいえない不安があった。五四年を通してホイッグ党の一部には、突如浮上した反ネブラスカ路線への戸惑いを語り、別の争点に関心を移す勢力が台頭した。アイリシュ系移民に対する偏見を移民制限という形で争点化するホイッグ党内の一部の動きは、ノーナシング党と呼ばれた別の新党運動を孕んでいた。

五四年から五五年いっぱい、世論の流動化やホイッグ党内の内部不一致を警戒しながら、反ネブラスカ運動に向けて多数勢力形成に邁進したリンカンにとって重要であったのは、民主党系フリーソイラーさらには自由土地党との連携をいかに構築するかであった。リンカンは、連邦上院に進出したトランブルばかりか、ジョン・ウェントワースなど、五二年以降ダグラスと格闘してきたイリノイ北部の民主党系フリーソイラーを取り込むことに、照準を合わせていた。さらに他方で、急進的である自由土地党指導者に対しても書簡を送り、最終的にはラブジョーイを含めたアボリショニストとの連携を模索した。

ホイッグ内の穏健派から党外の急進派、アボリショニストにまで及んだその働きかけは、政治家リンカンが自らを鎹《かすがい》にして周囲に手を広げようとする、最大限の連携と結合への動きであった。リンカンはそのような懐深い戦略的活動ができる政治家に、この機に一挙に成長したのである。

五六年二月から五月にかけてリンカンの連携への努力を背景にイリノイ政治は決定的再編へと向かった。二月彼は世論に大きな影響力を及ぼすイリノイ州内ジャーナリスト二五名のアピールを用いて、新党結成に向けた決起集会に打って出た。五月二九日、州中部ブルーミントンで開催されたイリノイ共和党創設大会には、州全域から一〇〇〇人に近い代表が集まったといわれる。中央の壇上にあったのは、リンカンと彼の若き協力者ウォシュバン、またノートンらであったが、その一方、連邦上院議員トランブルまた下院議員ウェントワースという旧民主党指導者、そして真向かいにはアボリショニスト、ラブジョーイが集う、多彩といってよいイリノイ反ネブラスカ運動の結集であった。

ブルーミントンでの大会決議は急進性を慎重に避けながら、同時に新党結成への指導理念を明示した。看板となる奴隷制に言及する綱領は、リンカンの五四年ピオリア演説をなぞった文面であった。われわれは「連邦議会が準州における奴隷制を禁止する完全な権限を持つと確信する」。ほかにもリンカンが綱領に手を入れた部分は移民への配慮であった。「われわれは宗教

1856年5月29日，ブルーミントンのメジャス・ホールで催されたイリノイ共和党創設大会．中央がリンカン（出席者のイラストによる）

的感情や出生地を理由に差別をなすようないかなる法的行為も行わない」。リンカンはそれによって新党の開放性を謳った（CW2, 341f.）。

あわせてイリノイ共和党大会では、それまで中西部を中心に要望の強かった、西部準州を中心とする連邦公有地において、五年以上にわたって先行した入植者には無償で一六〇エーカーの土地を与えるホームステッド法構想が、農業技術の改善を支援する州農業大学設置への連邦援助案（のちのモリル法）と共に論議に付されていた。すでに連邦上院に進出したトランブルらがリンカンと協力し、新党イリノイ共和党の政策課題としたテーマであり、その要求は、やがて六〇年全国共和党綱領の核心に取り上げられていった。人口増加が著しく、西に進出地を求める中西部白人農民、市民の要望がイリノイ共和党結集の基盤であった。

くわえて、オマハ・ネブラスカを起点に太平洋岸に至る、大陸横断鉄道の建設も論議に上った。ダグラスのお株を奪う新共和党の政策であり、西部準州への奴隷制拡大に反対するテーマは、イリノイ共和党によって明瞭な政策大綱に仕立てられ、六〇年全国共和党綱領へと展開した。ただしそうであれば西部の土地を取得し、また鉄道建設の恩恵を受けるのは、中心市民＝白人であるという意識が共和党に貫かれていったことも、同時に見逃しえない事実であった。

全国共和党への合流

一八五六年五月のブルーミントン大会は、フィラデルフィアにおいて第一回の大統領候補擁立を目指した六月共和党全国大会に代表団を送り、あわせてイリノイでの知事選に向けて、独立候補の擁立を重要目標とした。最終的に大会は知事選に対し、民主党反ネブラスカ勢力に属し、対メキシコ戦争の英雄であったウィリアム・ビッセルを候補指名した。リンカンがまとめたビッセルの擁立は、ホイッグを中心としたイリノイ共和党が、包括的な意味でシカゴを中心とした反ネブラスカ系民主党政治家を根こそぎ引き取る政治統合であったことを、象徴的に示す選択であった。

一一月、五六年選挙の結果は驚異的であった。ビッセルは民主党籍以外のものとして初めて知事に当選した。州内連邦下院議員選挙でも共和党は民主党とほぼ同数の当選者を輩出した。五〇年時点と比較すれば、わずか六年の間にリンカンはダグラス民主党に完全に拮抗する対抗政党を組織したのである。

一方で中部から南部にかけては、リンカンに政界入りを勧めたかつてのホイッグ党指導者スチュアートら、古き友人の多くが、民主党に鞍替えなどしてリンカンと袂を分かった。人口の急増する北部では共和党が支配政党となったが、イリノイ南部では民主党が伝統的優勢を保持した。その構図は、イリノイ政界の決定的組み替えであった。

ときあたかも合衆国北部全体がホイッグ党を解党し、共和党を生み出す政党再編の大波に覆われていた。五六年秋、初の大統領候補を立てた全国共和党は敗れたが、急成長する中西部、その要のイリノイ州においてリンカンがみせた躍進は、彼の名を新党共和党内に高めずにはおかなかった。六〇年共和党全国大会の会場にシカゴが選ばれた。イリノイの視点から言えば、リンカンを指導者にすえたこの州の党は、五八年以降、次期共和党全国大会に向けてリンカンの大統領候補指名をめざし、党綱領にも影響を与える中西部諸州の雄たる組織へと成長していた。

その結束のとおり六〇年に入るとリンカンは、大統領候補に挑む悠々たる存在感を年初から示した。二月二七日彼は、ニューヨークでむせ返るような熱気を放つ聴衆を前に、奴隷制の拡大に反対し、西部準州を自由な白人の移住の地とする一点において新党・共和党への団結を呼び掛けるという、卓越した弁論家としての姿を印象付けた。本章扉に収録した、クーパー・ユニオン・ホールの演説前に撮られたリンカンの正装の写真は、五〇年代後半彼が漂わせたあふれ出る気迫を彷彿《ほうふつ》とさせる。

ニューヨークからニューイングランドに至る彼の東部での選挙戦は、中西部の重要性を示すものとして順調に進んだ。それから三か月後の六〇年五月、彼はシカゴ共和党全国大会において、ニューヨークが押すフロントランナー、スワードを第三回目投票で退け、大統領候補指名を射止めた。イリノイ共和党の全面的支援の下、インディアナまたオハイオの支持を結集した、共和党の比重が西に大きく傾いた勝利であった。

リンカンはその年、全国民主党がダグラスを大統領候補に選んだことから、再び彼と連邦政治の場で相まみえることになる。五〇年代前半からのリンカンとダグラスの闘いは、争いの場をイリノイからついに大統領選挙にまで移すことで、一八五〇年代後半の合衆国政治がもった基本的対抗軸と、さらにその争点に南部諸州が絡んだ時の国家的危機を浮かび上がらせていった。

第四節　大統領への道

五八年の激闘

一八五六年から六〇年までの四年間にリンカンとダグラスの二人は、直接、二度の選挙戦を闘った。中間の五八年、ダグラスが再選をめざした連邦上院議員選挙に、リンカンが共和党候補として挑んだイリノイでの闘いが、第一回であった。両者の討論会は熱を帯び、全国的政争の頂点にも似た性格を持った。そして、第二回が、六〇年の大統領選挙となる。

二度の闘いの勝敗は、ダグラスが五八年に勝利し、一方、大統領選ではリンカンがダグラスを抜き去ることになる。その間リンカンがとった戦略は、ダグラスと奴隷制支持とを完全に一体とみなし、合衆国政治の抱えるどのような政治課題も、奴隷制の抑止なくしては一歩も進まないという反ダグラス・反民主党の枠組みに論点を追い込むことであった。

第一回、五八年六月一六日、リンカンは、後に「二つに割れた家 House Divided」と題された演説によって上院議員選に向けての火蓋を切った。彼を上院議員候補として指名するイリノイ共和党大会での受諾演説であった。「奴隷制の拡大はすでに深刻な段階に入った。ダグラスがいう住民主権論はますます実態を露わにしている。その主張は南部の奴隷制拡大要求を容認するだけでなく、実際のところ拡大に手をかす巨大な奴隷制権力の担い手である」(CW2, 461-469)。

前年の五七年三月、奴隷制度を州だけでなく、合衆国が法的に守るべき正当な制度として認め、準州への拡大に対して連邦議会は制限できないとするドレッド・スコット連邦最高裁判決が出されたことが、五八年の議論の新しい背景でもあった(最高裁長官ロジャー・トーニーによる判決）。五八年八月から一〇月にかけてリンカンとダグラスは七回の公開討論会（いわゆる「リンカン対ダグラス論争」）を通して、判決の評価でぶつかり合った。重要な連邦上院議席を巡ってアメリカ政治史上初となる、公衆を前にした候補者間の連続討論会であり、リンカンの政治思想の展開においても、さらに一つの山場であった（以下の叙述はCW3による）。

ダグラスは、論争を通しドレッド・スコット判決を英断とした上で、彼年来の住民主権論の普遍性を重ねて強調した。奴隷制の是非などという議論は、つまるところそれぞれの地域が承認するか否かの、国家としては小さな問題だ。「かりに住民の意思で準州に奴隷制が拡大することがあったとしても、自由州の制度はそうした奴隷制の拡散と共存できるだろう。われわれの重視する自由とは、白人の自由に他ならない。われわれは奴隷ばかりか自由黒人も市民の枠から排除してきたのだから」。

聴衆に浸透する強烈な人種意識に訴えかけるダグラスは、共和党を黒人の党と揶揄し、リンカンと共和党の勝利は人種間婚姻を誘うものだとする誇大なプロパガンダも駆使した。その中心思想はこうであった。

「いま合衆国は白人国家として大陸大の連邦国家へと飛躍している。わが国の統合を維持することが何より重要であり、奴隷制問題をめぐって南部と北部が対立する事態はまったく無意味であるばかりか、有害である。連邦制の下で異なる社会的特徴を持つ南部と北部が共存し、協調を維持していく上では、住民主権論が論理化した、おのおのの地の自由な選択という方法こそがもっとも相応しい」。ダグラスは五八年には南部の奴隷制拡大要求をさらに受け入れ、スペイン領キューバの併合など、カリブ海への合衆国の進出にも言及した。

しかしリンカンは、そうしたダグラスの自由社会・奴隷制共存論に猛然と反論した。「ダグラスが住民主権という論理で準州への導入を認めようとする奴隷制は、そもそも合衆国政体の根本を脅かしていないか。われわれは南部諸州にある既存奴隷制については、宿縁の制度として受け入れてきた。しかし一方で、西部の地への奴隷制の拡大を放置してしまうと、合衆国全体が奴隷制と日常的に共生しなければならなくなる」。つまりは「奴隷制の全国化さえ招く重大な危険を生み出すのである。ドレッド・スコット判決の赴く先では、奴隷を連れた南部奴隷主が準州だけでなく「このイリノイのような」自由州でも、合法的に生活することが認められかねない、そのことがいま問題なのだ」。

リンカンは、国家には倫理が不可欠であり、合衆国の場合のそれは、独立宣言書に語られた「すべての人間は平等に造られている」という原理に他ならないと繰り返した。「黒人もまた人間であることを認めよう。白人と彼らの、社会的意味での共生が可能かと言えば、それに対して私は否定的である。しかし、黒人を人間と認めず彼らを恒久的な従属の鎖につなぐ制度は、自由と平等を標榜する合衆国では認めることができない、とてつもない不正義であり悪なのだ」。

リンカンは奴隷制への不安を一八五五年八月、ケンタッキーの友人ロバートソンへの書簡で次のようにも書いていた。「われわれはこの四〇年近く、建国の父たちに倣って奴隷制がやがては平和的に消滅すると考えてきたが、現状は全く違いつつある。人間としてのより良いものへの願望をすべて奪い、鞭と鎖で使役し、魂をも奪う黒人奴隷制が自由の制度にふさわしくないことは自明であろう。しかし、その制度は七〇年にわたって根づき平和的解放の道を閉ざし、奴隷主たちは一切の変更を認めようとしない。その制度への彼らの執着はロシアの専制領主以上なのである」。「今日われわれが直面しているのは、一つの国家としてこの国が、永久に、半ば奴隷制をとりそして半ば自由であるまま、やっていけるか否かという問題である。その重い政治的問いに私は押しひしがれそうなのである」（八月一五日付書簡 CW2, 317-318より）。

ダグラスとの論争でもリンカンは聴衆に対し再三にわたって呼びかけていた。奴隷制が悪だというわれわれの感性を、いかなる形でも鈍らしてはならない。「ダグラスが仕掛ける陥穽《かんせい》は、奴隷制の存廃はおのおのの地の住民の投票によればよい、という主張を流布することで、根源的悪に対するわれわれの感性を麻痺させ無関心に誘う点にある。その醜悪な制度は、自らの力を基礎に自立的に働き社会的基盤を造るという、わが国の基本の社会原理、自由労働の原理に反しているのだ」。

リンカンは五八年、決して急進的に見えぬよう用心深く言葉を選びながらも、それまでの規範的論理を明らかに超えようとしていた。彼は既存の奴隷制に対しては、憲法に照らして存廃に関与しないと明言し、共和党の穏健性を訴え続けた。しかしその一方で、「奴隷制の担い手である南部権力、その中核をなす奴隷主権力の存在と生き方は北部社会における自由労働の有様と対極にあり、国家の倫理として受け入れられない」と断言した。

奴隷制の法外な拡大性を指摘し、奴隷制と奴隷主を隔離的に既存の南部奴隷州に閉じ込める重要性を語るのが、つまるところ五八年の論争を通してリンカンがダグラスに突き付けた核心の論点であった。その議論に内在する疑問の一つとして、奴隷制を限定された範囲に閉じ込めていくことそのものが、どのように可能かという問題があった。彼が先のロバートソンへの個人的書簡で、奴隷制の存続の可能性に対し「押しひしがれそうだ」、とする不安を告白していたのもそれ故であった。しかしあえていえばリンカンは公には、奴隷制の悪を語ることでイリノイ世論の政治動員を目指したのであり、将来の南部の問題は後回しにせざるを得ないと認識していた。

南部急進派の台頭

一八五八年、リンカンは連邦上院議員選挙でまたしても惜敗した。選挙戦中本業の弁護士収入が途絶えるなど、敗北は彼を打ちのめした。しかし、共和党がイリノイで、さらに他の北部自由州でも着実に支持者を増やしていることは明らかであった。リンカンの周辺、とくに五六年、イリノイ共和党の結成を牽引したウォシュバンやトランブルらは、二年後の大統領選挙に向けてリンカンの擁立を熱望し、彼を勇気づけた。立ち直ったリンカンにとって、六〇年の大統領選挙は、五〇年代前半からの民主党を追い落とす、切れ目ない政治闘争の継続と意識された。

ところが五八年のイリノイ連邦上院選を一つの機に、合衆国総体の政治状況は、「リンカン対ダグラス論争」の枠組だけでは収まらない、より深刻な体制的暗雲に覆われ始めていた。南部奴隷州の支配政党民主党は五八年まで、ダグラス支持にまとまることで彼らの政治主張の実現を期待したが、そのダグラスでさえも、もはや共和党の台頭を抑えられないという新しい判断が、とくに南部民主党を揺り動かし始めた新しい思考であった。

自由州政治家としてのダグラスの論点は突き詰めるところ次の点にあった。奴隷制は、合衆国において共存が不可能な政治社会制度では決してない。カンザス・ネブラスカ法は、住民の意思によって奴隷制が準州にも進出可能な余地を、国家体制の枠に確保することにより、不毛な奴隷制是非の論争を終わらせるものなのだ――。

しかし、五八年秋の選挙から六〇年大統領選挙の間のわずか一年半に、そのダグラスの主張をも放棄して共和党との一切の議論を拒む、南部急進派と呼ばれる勢力が勢いを増していた。彼らの主張は、奴隷制は西部いずれの地でも合法化されねばならない、逃亡奴隷は必ず捕捉、南部に返還されねばならない、さもなくば奴隷州は連邦を離脱するという、連邦分裂という議論を含んだ。急進派の台頭は、共和党の勃興か、それとも南部奴隷州の連邦離脱かという新しい二項対立軸を立て、六〇年大統領選挙に深い影を落とした。

六〇年四月、南部サウスカロライナ州のチャールストンで開かれた民主党大統領候補指名の全国大会は、北部民主党の大勢がダグラス支持でまとまったにも拘らず、南部急進派が彼の指名を拒絶したことで結局大荒れとなった。急進派の基盤は大会開催地サウスカロライナからジョージア、そしてメキシコ湾岸のアラバマ、ミシシッピといった、奴隷制が圧倒的社会制度であった深南部地域にあった。

急進派は六月、ダグラス指名に最終的に落ち着いた民主党全国大会を離脱し、ケンタッキーの頑強な奴隷制支持政治家ジョン・ブレッキンリッジを独自候補に擁立する、分裂行動に踏み切った。

一八六〇年六月、全国民主党はこうして南北間で分裂し、結果民主党の正式大統領候補ダグラスは、党内の三分の二程度の支持しか得ることができなかった。その月以降一一月にかけて共和党の大統領候補リンカンとダグラスの間に交わされた議論は、南部の離脱傾向が顕在化する火中の論争であった。

注意すべきはリンカンがその時点になっても南部の奴隷制の廃止に言及しなかった点であった。引き続きリンカンが語ったすべては、ダグラスが住民主権論で認めるという「奴隷制の拡大」は、合衆国の将来に重大な危険を及ぼす、拡大の芽を摘み、奴隷制を南部奴隷州の枠に隔離することが必要なのだという点であった(リンカン、クーパー・ユニオン演説 CW3, 522-525 より)。

しかし、そうしたリンカンとダグラスとの論議を、もはや南部急進派は追っていなかった。なるほどブレッキンリッジは六〇年大統領選挙の一般投票において総計八五万票弱と、当選したリンカンの一八六万票、二位のダグラスの一三七万票強に遠い第三位であった。しかし彼は、連邦からの離脱の可能性を探り始めた南部、一〇の奴隷州においてダグラスを上回って第一位をえた。南部諸州が、ダグラスをも見放したことは明らかであった。しかもリンカンにいたっては南部奴隷州において二パーセント程度の票しか獲得しなかった。リンカンとダグラスの差およそ五〇万票弱は、北部の自由州においての差であり、民主党の分裂がリンカンの当選をもたらした最大要因であった。

政治過程として理解すればリンカンとダグラスが八年にわたって闘わした論議は、北部における合衆国の政治統合の理論としては、リンカンが最終的に多数支持を得たことになる。しかし、その共和党の勝利は、奴隷制をめぐる合衆国の国家分裂という、国家としての最大危機には何の対策にもならなかった。リンカンが五二年以来主張し続けてきた奴隷制の拡大阻止の論理、そして奴隷制は合衆国政体の倫理性に悖るという主張は、その白人中心主義にひとまず目をつむれば、長期的にみて合衆国の近代化を推し進めようとする有力な議論であった。しかし、その強力であるはずの議論と立場が六〇年大統領選挙直後から起こった地割れのような合衆国の分裂、南部一一奴隷州の連邦からの離脱を決定的なものとした点にこそ、初期近代国家合衆国が抱えた最大の悲劇性があった。

少し俯瞰してみればリンカンは、奴隷制と自由の制度が共存的に拡大できた歴史を合衆国のすでに過ぎ去った時代と捉え、その共存がいつまで続くかという未来に対して震えるほどの不安があると語った。そこには交通体系の整備など合衆国の近代化と統合が急速に進み始めた変化への自覚があり、その変化が合衆国の政治社会制度にも重大な変更を迫っているという展望があった。リンカンは紛れもない近代主義者であった。

しかし、そうしたリンカンが取り込んだ近代化への展望は、奴隷制を連邦制のもとで南部に封印したまま、どのような統一国家であり得るかという未来像を描くまでには至っていなかった。そして奴隷制に執着する南部は、そもそもそのような未来像を描くことを拒絶した。彼らにとって奴隷制はあくまで、拡大すべき生きた制度であり、その道が国内で閉ざされるのであれば、拡大の先はキューバでもメキシコでもよかった。

こうして一八六〇年末大統領選挙に勝利した時点からリンカンが正面に据えねばならない国家的危機は、じつはダグラス民主党でなく、リンカンとは全く異なる未来像を描く南部そのものとなっていた。

第 3 章

襲い来る内戦と奴隷解放宣言

1861〜63 年

1863 年元旦に発せられた奴隷解放宣言を読む白人兵士と，聞くアフリカ系アメリカ人たち（1864 年に作成されたリトグラフ）

アメリカ内戦の略年表

1860	11.6	リンカン，大統領に選出される
	12.20	サウスカロライナ州，連邦離脱を宣言
61	2.8	南部7州，南部連合国を結成
	3.4	リンカン，大統領に就任
	4.12	南軍，サムター要塞を攻撃，内戦始まる
	5.21	南部連合国，4州を加えて11州となる(首都リッチモンド)
	7.4	臨時連邦議会，リンカン特別教書
	21	連邦軍ブルーランの戦闘で大敗北
	9.12	リンカン，ミズーリ州奴隷解放命令を撤回
62	3.6	リンカン，境界4州に対し奴隷制の有償廃止を呼びかける(しかし7月までに失敗が明確化)
	7.17	第2次資産没収法成立
	9.17	アンティタムの戦い
	9.22	リンカン，奴隷解放予備宣言を発表
63	1.1	リンカン，奴隷解放宣言を発令
	7.1〜3	ゲティスバーグの戦い
	11.19	リンカン，ゲティスバーグ演説
64	6.8	共和党全国大会，リンカンを大統領候補に再指名
	9.2	シャーマン連邦軍，アトランタを奪取
	11.8	リンカン，大統領に再選
65	4.9	リー南軍将軍，降伏．南北戦争終結
	4.14	リンカン，銃弾に斃れる．翌日逝去

第一節　大統領選挙勝利から内戦の勃発へ

妥協工作を排して

一八六〇年一一月七日、全国紙はリンカンの当選を一斉に伝えた。しかし、当のリンカン、そして共和党は勝利を喜ぶ暇さえなかった。

一一月末『ニューヨークタイムズ』紙は、首都ワシントンに広がったパニック状況を報じた。「西部州選出議員の大半は今後の見通しを深刻に憂慮している。彼らはどのような犠牲を払っても、［南部諸州の］離脱を阻止しなければならないと話し合っている。［一方］サウスカロライナ選出議員は議席を捨てる決意を明言し、給与の支払いを待って首都を離れようとしている」（*New York Times*, Nov. 30, 1860. なお同紙の創刊は奴隷制論争が始まる最中の一八五一年であった。以下、同紙を*NYT*と略記）。

案の定、連邦離脱の先陣を切ったのは、南部急進派の牙城サウスカロライナであった。同州人民代表会議は一二月二〇日、連邦離脱を宣言した。その後深南部六州、ミシシッピ、フロリダ、アラバマ、ジョージア、ルイジアナ、テキサスが連邦離脱という強硬手段に出たとする報

1844年以来リンカンが住んだスプリングフィールドの自宅．1850年代半ばに増築がなされた．スケッチは，リンカンが大統領選に勝利し，首都ワシントンに立ったころのものと思われる

は、全国を震撼させ、リンカンにも逐一伝えられた。年末彼は首都から遠く離れたイリノイ・スプリングフィールドで、クリスマスを迎えていた。一二月以降、翌六一年二月四日、計七州による南部連合国臨時政府の結成まで、該当州の連邦離脱を引き留めようとする政治工作が首都ワシントンで二か月にわたって展開したが、リンカンはそれらの動きのすべてから距離をおいた。憲法上リンカンの大統領就任は六一年三月四日と規定されていた。

六〇年一二月初めからの連邦議会には、緊急妥協提案と称するものが上院を中心にいくつも提出された。中でも民主党ばかりか一部共和党穏健派の支持を受けて有力提案に浮上したのは、クリッテンデン案であった。長期にわたった奴隷制論争の内容を一挙に一〇年以上前の水準に戻し、西部領土準州・テリトリー地域について北緯三六度三〇分線を境として分け、その南、および新しい領土に奴隷制を認めるという憲法修正案が、ケンタッキー選出上院議員ジョン・クリッテンデンが作成した調停案の中核であった。総括してそれは、ミズーリ法の復活と呼ばれた。

ほかにも九項目にわたって、国内で横行する奴隷貿易を禁止しないこと、奴隷逃亡の被害を受けた奴隷主に対しては連邦議会が損害を補償する条項など、南部奴隷州・奴隷主への手厚い譲歩内容が添えられていた。しかし伝えられたスプリングフィールドのリンカンは、断固として拒絶した。「奴隷制の拡大」またその全国化を阻止するために闘うとしたのが共和党の勝利の根本であった。にもかかわらず「今、その原則を放棄しなければ、新政府が崩壊するだろうと脅されている」。だが考えてほしい、「人民が支持した原則を放棄するのであれば、それはわれわれの死を意味する」(上院議員トランブルらへの書簡 CW4, 149-160 より)。

しかしその直後、共和党の中枢からも同質の妥協を求める動きが出たことに、リンカンも少なからぬ当惑を示した。六〇年大統領選挙でリンカンと共和党大統領候補を争った最有力者であり、その経緯から新政権のナンバー・ツーとして国務長官への起用が有力であったスワードが、一月一二日クリッテンデン案の行き詰まりを受けるとして上院で発表した案であった。戦争の危機を避けるため、現在の西部準州を将来の自由州と奴隷州という二つに分け、さらには既存の奴隷制を明確に保証する憲法修正を緊急にすすめるという提案であった。共和党の先覚的奴隷制批判者であったスワードの妥協案は、彼の豹変とも受け止められ、リンカンの対応に注目が集まった。

しかしスワード案を聞いてもリンカンは動かなかった。リンカンは使者に対して丁重に、われわれはシカゴで採択した共和党綱領を裏切ることはできないと語るのみであった。リンカンが思想的にもスワードの上位に立った時点であった。

つまるところ六〇年一二月から翌二月にかけて大統領就任を控えたリンカンは、南部七州の連邦離脱の動きに対し、選挙内容を覆そうとするいっさいの恫喝に屈さぬ態度を保持した。彼にとってそれは民主主義を保持するぎりぎりの行動であった。

他方六一年一月末、すでに離脱を宣言した南部七州では、連邦の関税徴収施設、郵便局などを各州軍が接収し、わずかに中央政府の管轄として残ったのは、サウスカロライナ州にあるサムター要塞などの数個の軍事施設のみとなった。二月八日、サウスカロライナの他、離脱を表明した深南部七州は、アメリカ連合国 Confederate States of America(略称、南部連合(国))の創設を宣言した。彼らは、奴隷制の保持、拡大を統合スローガンとする純然たる奴隷制国家の樹立を掲げ、臨時大統領に就任した前ミシシッピ州選出連邦上院議員ジェファソン・デイヴィスは、戦争に備えての軍編成を急いだ。ちなみにヴァジニアを中心とした他の八奴隷州はなお態度を保留し、流動的であった。

一八六一年二月一二日南部連合国創設が宣言された四日後、首都ワシントンに向けてスプリングフィールドを出立したリンカンが、見送る友人に伝えた惜別の言葉が記録に残されている。

「私は今、いつ帰れるのか、あるいは帰郷そのものが叶うかさえ分からぬなかで、初代大統領ワシントンが背負った以上に困難な仕事を負うべく、青年時代からの地を離れようとしている。これまで通りの神の加護を願うばかりである」。彼の頬には、六〇年大統領選挙後から伸ばし始めたひげが蓄えられていた。

厳冬の中、首都ワシントンにむけて彼が乗り込んだ特別列車には、妻メアリーおよび幼い二人の息子(三男および四男)、そしてこれ以後ホワイトハウスでリンカンを支えることになる秘書ニコレーとヘイらが同乗した。長男ロバートはハーヴァード大学に入学して独立し、次男は幼い時に死亡していた。

六〇年一一月前半から、こうしてリンカンが旅立った六一年二月までの間に合衆国は、内陸交通の大動脈であるミシシッピ川水運をも真っ二つに断ち切る、深い地割れが南北間を遮ったかのような国家分裂に直面した。将校クラスで南部連合への帰属を表明し、南に帰郷を急ぐ軍人が相次ぐなど混乱は尋常でなかったが、異常さを際立たせたのは、なお在職の民主党政権の動向であった。大統領ジェームズ・ブキャナンは南部七州の連邦施設接収、そして新国家宣言に対して何の制裁行動もとらず、事態を傍観するのみであった。すべての責任は当選した新大統領にあるかのような彼の振舞いは、権力の放棄に近かった。リンカンが引き継いだのは、一方で妥協工作に奔走し節度を失いかけた議会(三月三日に閉会)と、他方、事実上逃亡したかのような大統領という、文字通りの難破船に近かった。

漂流化を象徴するように、リンカンが首都ワシントンに近づくにしたがい、彼の暗殺計画の噂までが飛び交った。同時代のある論者はこう記す。途上にある奴隷州メリーランドでは「いたるところで暴動や暴力、さらにはリンカン暗殺の噂が飛び交い、全国でも共和国の新元首たる大統領の就任は怪しいのではないか、もしそうであれば共和国の生命もこれで尽きるかもしれないという不安が語られた。実際リンカンは、イリノイからの旅の最後、フィラデルフィアから[メリーランドの]ボルティモアを経由する列車では、追跡者を振り切るかのように窓に封印を施し、夜陰にまぎれて首都入りした」と(Douglass より)。

大統領就任から内戦の勃発

一八六一年二月二三日、屈辱的な封印列車で首都到着を余儀なくされたリンカンは、一〇日後の三月四日やっと大統領就任式に臨んだ。そして七月四日、臨時招集した新議会にむけて、内戦の勃発を説明するとともに戦時予算を要請した。その就任からの四か月間に、彼は連邦権力を再起動させ、また自らの政権への求心力を確保するという、とてつもない権力そのものの再構築という課題をこなしていった。

もっとも問われたのは、自らの政権と行動をどのように正当化するかであった。それには、離脱した七州をいかに扱い、事態に対抗する論理をどう展開するかが不可欠であった。さらにいえば、来るべき戦闘への展望も示さねばならなかった。苦境の中でリンカンが練り上げた思索は、七月四日付の議会教書にまとめられた。

類似の議論がそれまでも断片的に語られたが、六一年前半、リンカンが直面した連邦崩壊の危機は、その諸断片を一帯の新たな統合思想にまで昇華させる苗床になったように見える。夏までにリンカンが紡ぎ出した連邦権力論そして連邦政府論は、アメリカ政治思想そのものをも刷新する国家論であった（特別議会宛メッセージ CW4, 421-441 より、なお以下連邦政府を単に連邦とも略記する）。

まず彼は州について語った。「国家の行政上の一区画である州が、本来の主権である連邦の権威を無視して離脱するなどは法理上あり得ない」。一月初めからの離脱諸州の行動は、すべて個々人による不法な「反乱」であると位置づけられた。

その上で至上の権力とみなすべき連邦の主権に触れて、彼は「恒久的政治共同体」なる議論を展開した。「合衆国の基盤は、他の近代国家と同様に歴史的に形成されたものである。アメリカ革命とは各州個々で戦ったものではなく、ユニオンが担った戦いであった。独立、そして自由とはその政治統合体の力で獲得された人民の権利であった。そのような統合政体は自らを恒久的存在と主張する主権であり、州の権限は、あくまで地域に限定された行政的権限以上のものではない。独立時の一三州がそうであれば、以後に加わったすべての州は、統合体からおのおのの法的地位を認められたものであり、連邦統合体から切り離しえないのである」。

さらにリンカンは敷衍する。「連邦とはそうした主権統治体である事実を基盤に、実際これまでも連邦領土全体に自由の制度を維持し、すべての人々により良い生活への道を開き、また公平なチャンスを与えることを目指してきた。またその存在は常に選挙を通して人民からの付託を更新し続けてきた。……いまわれわれはその根幹制度の決まりを無視し、破壊をもくろむ挑戦に直面している。連邦を守る戦いは人民の戦い(People's Contest)に他ならない」(CW4, 438より。傍点引用者)。

南部諸州の離脱をこのように、州の離脱でなく、人民の国家に挑戦する非民主的勢力の反乱と位置づけ、内戦を、連邦を守る戦いと定義したのがリンカン国家論の眼目であった。彼は連邦政府を、国民の社会生活、とくに自由と公共の福祉を守る唯一の主権統合体と捉えたのであり、それは、伝統的規範からすれば、圧倒的に連邦政府の役割を高めた政体認識であった。リンカンが、二月末までの妥協工作にいっさい関与せず、選挙結果に依拠する立場を貫いてきた行動は、新政権の正当性を担保した。

しかし、新政権の正当性を確保したとしても、リンカンは広がりつつある「反乱」に対しては、ただちに軍の出動を求めなかった。彼の定義では、現状は未だ戦闘状態にない反乱であり、目論見に沿えば、大統領の説得を拒んで反乱軍が発砲する時が問題であった。にらみ合いが日一日深まる中、四月一二日、チャールストン港に孤立した連邦サムター要塞に対し南部連合軍が開始した砲撃が、平和的事態収束努力の挫折と捉えられた。反乱の勃発、内戦が直ちに宣言された。

サムター要塞攻撃から三日後の四月一五日リンカンは、大統領命令によって総勢七万五〇〇〇人に上る州兵の動員計画を発表した。さらに五月三日には連邦を構成する各州を対象に、兵役三年を原則として四万人強の志願兵を徴募し連邦軍とするという、本格的軍動員が宣言された。

一方、四月一二日の交戦開始をきっかけに、それまで連邦離脱への態度を保留していた南北境界の八つの奴隷州も、内戦への態度を明確にしなければならなかった。一七日以降、ヴァジニア、ノースカロライナ、テネシー、アーカンソーの深南部に隣接した四州が、離脱七州と運命を共にすると決断した。五月二一日四州を加えて一一州にふくれた南部連合国は、ヴァジニアの州都リッチモンドへと首都を移し、合衆国と対峙する行政・軍事体制を整えた。

境界八州のうち残る四つの奴隷州、デラウェア、メリーランド、ケンタッキー、ミズーリは、内部対立など紆余曲折を含んだが最終的に連邦内に残ることを決定した。彼ら連邦に残った奴隷州の動向は、人口も多く、戦争の進展や戦争目的に様々な影響を与えていく。ただここでは、南北戦争は単純な自由州と奴隷州の戦いで始まった訳ではなかったことを記憶しておこう。連邦に残った奴隷州が抱えた黒人奴隷は、およそ五〇万人に上った。

いずれにせよリンカンが臨時招集した七月四日の議会は、すでに夏を迎え戦争に直面した議会であった。しかも南部連合国が、首都ワシントンから直線にして南に一五〇キロ程度の至近距離、リッチモンドに首都を構えたことで、内戦は、合衆国にとってもはや国家の死活をかけた戦いとなった。リンカンは、四月後半には南部諸州に対する海上封鎖を命じたのに続き、七月四日、先の見積りをさらに上回る四〇万人もの兵力動員を求め、四億ドルの軍事予算を議会に要請して戦闘への準備に入った。

人口数、および工業力において圧倒的に南部連合国を上回る連邦であれば、南部連合との戦いとは、優勢な兵力をもってリッチモンドを一挙に落とすという、短期の軍事制圧を描いたのが、三月初め以来苛立ちを強めていた連邦軍首脳であった。新議会開会から二週間後の六一年七月二一日、およそ三万の軍がリッチモンド占領を目指してヴァジニアに南下し、南軍と衝突した。南北戦争最初の大規模な会戦、いわゆる第一次ブルーランの戦いは、しかし連邦軍の惨憺たる敗北に終わった。

敗走した連邦軍が舞い戻った首都ワシントンは、負傷兵を迎える野戦病院と化し、そのなか新規に動員され首都に詰めかけてくる膨大な兵士を迎えて、瞬く間に戦時体制の色彩を強めた。六一年夏以降、内戦は、短期の戦いでなく、夏を四度も繰り返す長期の血みどろの戦闘に転じていくことになる。

南北戦争開始時点での連邦と南部一一州との人口比較などはこのようであった。分裂の結果連邦は二三州、その人口数は一八六〇年国勢調査の三一四四万人から、二二七四万人に減少したことになる。対して、南部連合国に帰属した一一州の総人口は、八七二万人だったが、内訳は黒人奴隷が四一パーセントの三六四万人を占め、白人に限れば五〇〇万人強であった。黒人奴隷を戦闘に使うことは困難であったため、戦闘可能な人口の比較で言えば、連邦は開戦時から南部連合の四倍であった。

しかし、連邦を構成したカリフォルニアおよびオレゴンという太平洋岸の二州は、その地理的位置から南部との戦闘に携わる連邦軍にほとんど編成されなかった。むしろ連邦政府は、孤立した二州を周辺から防衛するという負担を背負った。

その構図の下で、南北戦争は、連邦と南部連合国が接したヴァジニア北部、ケンタッキー州、ミズーリ州、また連邦海軍が掌握を目指した南の要衝、ミシシッピ川河口ニューオーリンズの攻防を中心に始まった。なお、ヴァジニア内の連邦残留派は、開戦後同州の西部にウエスト・ヴァジニア州を編成し、一八六三年六月に連邦議会によって認められた。

第二節　連邦を守る戦いとは

反乱をいかにみるか

リンカンが語った、反乱に対し連邦政府を守るという戦争目的は、四年後の内戦終結まで彼が一貫して掲げた至上の目的であった。実際連邦への愛国的結集を叫ぶ声、そして町々で鼓舞された合衆国への忠誠を呼び起こす動きは、開戦当初熱い訴求力をもった。愛国心が鼓舞されたニューイングランドではハーヴァード大学からも、多くの現役学生がマサチューセッツ連隊への入隊を希望した。しかしそうした軍編成の時期から、連邦を守るというが、そもそもこの危機そして戦争とは何なのか、どのような理由で反乱は起こったのかという当然の疑問が一部で語られた。

実際南部連合国は何を望んでこのような愚かな戦争を始めたのかという設問は、リンカン政府ばかりか北部世論にとっても、戦争完遂上、欠かせぬ議論であった。以下では、リンカンの認識を浮き彫りにする作業として、北部で展開した若干の議論を確認してみたい。

代表的な一例が、開戦間もない五月一〇日にニューヨークタイムズ紙が掲げた社説「戦いの性格――州権論」であった。社主ヘンリー・レイモンドを柱に五〇年代後半から明白な共和党支持、それも穏健派の立場をとったこの紙は、エスプリのきいた議論を展開した。

北部の自由州と南部の奴隷州ではこれまでも国家観が異なっていた。北部では連邦を、進歩と豊かさをめざす政治共同体とみなし、国民の一体性に資し文明化を促す基盤と捉えてきた。しかし近代国家の進展過程では、統合への基調から外れる部族的地域主義が歴史的によく見られる。合衆国でその部族主義が現れたのが南部の奴隷州であった。奴隷主が常に土地や労働力の圧倒的部分を所有し、一つの宇宙を構成する地域では、住民の同意よりも奴隷主権力による力の支配が優越制度であった。小宇宙である奴隷州は、全体に対して協調するというよりも、州権論に拠って統合政府の行動にたえず疑惑の目を向け、プランテーションの独立と個別の利害の追求を優先してきたのである。　(*NYT*, May 10, 1861)

六〇年の共和党の公約は、「南部諸州の奴隷制度に対しては関与しないというものだった。その公約にも拘わらず、南部諸州はなぜ離脱に踏み出したのかを訝しがる議論がある。しかし、それこそが変化と進歩を拒む彼らの後進性、そして部族性のなせる結果であったろう。孤立を深め全体への協力の意思を持たない閉鎖的南部奴隷州は、その後進性の故に連邦からの離脱という突飛な行動をとった」。リンカンの大統領当選は、いかなる意味でも離脱の原因でなく、単なるきっかけに過ぎなかった。

北部社会を近代的で協調的、また活力ある民衆的社会と自負し、南部奴隷州を対照的に、変化を拒む後進的、寡頭的社会と捉えるこの文化的視点は、内戦開始時から鼓吹された北部の支配的議論であった。とくに共和党の穏健派が好んだ認識であった。

共和党は、六〇年大統領選挙時まで西部領土への「奴隷制の拡大」に対する反対を基本の共通目標とした。しかし、内戦の勃発を機に語られたニューヨークタイムズのこの文化的議論は、合衆国全体におよぶ近代化への傾向を強調することで、連邦を守るという目標に明確な正当性と合理性を与えようとする論理構成をとった。言い換えれば変化と進歩に乗り遅れた南部との戦いは、合衆国全体を近代化していく未来に繋がる道という認識が、以後共和党穏健派の間に膾炙《かいしゃ》した戦争論であった。

しかしその議論に付帯した一つの特徴は、従来の「奴隷制の拡大」反対論に見られた、奴隷制を自由の制度とは相いれない悪と捉える倫理的、二項対立的問題意識を幾分希薄化した点であった。西部準州への奴隷制の進出を重大な脅威と問題視する視点より、南部全体が抱える後進性を強調する論点への移動は、合衆国社会に対して奴隷制が及ぼす差し迫った脅威という意識を減殺し、広くみれば、すべてを南部の後進性にからめていく傾向を持った。奴隷制は、時間をかけた南部の近代化のなかで解決を目指すべき問題だという、折衷的議論を呼び起こす論理構造を孕んだ。

実際、五月のニューヨークタイムズの社説は、連邦政府は南部の奴隷制に介入の権限を持たないとする内戦前の立場を変えぬまま、戦争支持の姿勢をとった。その後も一年以上にわたってである。

フレデリック・ダグラスの激論

一方、開戦からのリンカンの連邦維持至上の議論に対し、即座に不満を表明した人々がいた。その代表格がアボリショニスト、フレデリック・ダグラス(Frederick Douglass)であった。

一八三八年、一九歳の時逃亡奴隷としてメリーランドから北のボストンに逃れたその黒人青年は、四〇年代半ばからはニューヨーク州において奴隷制の即時廃止運動に取り組む運動家となり、また思想家として生きた。一〇年以上にわたって一人で反奴隷制紙を発行しながら彼が展開した卓越したアメリカ論は、五〇年代後半新政党共和党の一部にも共感者を呼び起こし、奴隷制問題をめぐる北部世論の一角を担った(ダグラスの半生については拙著『奴隷制廃止のアメリカ史』第三章を参照)。

ダグラスは六〇年の大統領選挙までリンカンと直接の交流を持たなかったが、リンカンの台頭に注目していた。とくに大統領選挙後、南部七州の連邦離脱という事態に対しリンカンが毅

1880年前後，晩年のフレデリック・ダグラス

然たる対応を示したことは、ダグラスの期待を高めた。いかなる意味でも南北の妥協が図られてはならない。ダグラスはリンカンの大統領就任に大きな期待を寄せた急進派であった。そのような彼にとって、就任直後のリンカンの言説は全くの期待はずれであった。

三月四日のリンカンの就任演説に対し、ダグラスは直ちに論駁の文章を発表した（Douglass, "Inaugural Address," April 1861より）。「リンカンの就任演説の空疎さに、われわれは失望せざるを得ない。彼の演説は連邦の維持だけを語り、反乱者の意図、そして奴隷制についてまったく沈黙したままだった」。そもそも現在の状況はなぜ起こったのか。離脱には明確な理由があるのだ。

> 一方で南部は奴隷制の拡大を要求し、他方北部は、奴隷制を現在の領域に閉じ込めることを求めた。……今日南部の離脱を牽引する人々は、リンカンが率いる政党の赴くところを明瞭に理解している。彼ら奴隷主どもは、北部の大衆がわが国政府の中枢から奴隷主寡頭勢力を追い出し、自由労働の原理を基礎としてこの国の将来を担おうとしていることをはっきり見通している。……

北部は人口数でまた経済力においても南部を圧倒しており、このままでは彼らは弱者に追い込まれ、奴隷制の廃止に追い込まれるかもしれない。そうした事実を熟慮し、その受け入れを拒絶したが故に、彼らは離脱に踏み切ったのである。それがこの戦いの基本原因である。……彼らを増長させるだけとなる宥和や妥協を排し、奴隷主権力を踏みつぶすことでしか、われわれが内戦を克服する道はないのである。

後年からみれば南北戦争の特質をこれほど明確に抉《えぐ》った言説はなかったが、開戦当初のリンカンと共和党の視点からはダグラスの議論はあまりに過激であった。共和党は、三五〇万人余の奴隷を抱える南部州の既存奴隷制に対して、連邦議会に廃止の憲法的権限はないという立場を厳然として保持した。そしてリンカンは、反乱は突出した過激派の跳梁であり、州全体が不法行動に走ったという認識を拒否していた。ほかにもリンカンが六一年中、内戦と奴隷制の関わりに触れなかった背景にはいくつもあったが(後述)、ただダグラスの内戦原因論をリンカンが完全に否定していた訳でなかったことも、あわせて付記しておこう。

この内戦は間違いなく奴隷制の問題に関わり、とくに奴隷制を支える巨大な奴隷主勢力の国家に対する反抗である。そのような意識は、リンカンの認識の根底に内在した。内戦が長期化するにつれて、その問題の直視がやがて避けて通れなくなることをリンカンは意識しながらも、ひとまずは短期の戦闘による反乱の早期鎮圧を目指した。それは大統領として当然の行動のはずであった。

第三節　最高司令官としてのリンカン

連邦軍の組織

合衆国大統領は憲法上、最高司令官として連邦軍を指揮する専権を持った。南北内戦の勃発と共にリンカンが背負った最大任務の一つは、軍をどのように編成し、展開させるかであった。内戦期を通してリンカンは陸・海軍長官さらには軍参謀長という補助者を差し置いても、軍の組織と指揮に直接関わろうとした。彼は、陸軍省の電信室に足繁く通い、戦闘状況を逐一把握するせわしい行動を日課とした。

しかし強力な連邦軍を短期に編成する作業は困難を極めた。戦争勃発前、陸海軍あわせて二万八〇〇〇人強であった合衆国連邦軍は、一年だけで二四倍の六七万人強の兵力に増員された急造軍であった。しかも拡大した連邦軍は、各州が州単位で募った志願兵の連隊に編成され、指揮もウエストポイント陸軍士官学校出身の将官ばかりか、在地の著名政治家が執る例が少なくなかった。指揮者の独立性が、内戦初期のリンカンを執拗に悩ませた。

当初の戦場がヴァジニア戦線の他に、ミズーリ州やケンタッキー州の攻防に関わった広い西部戦線、さらにミシシッピ川の航行権を確保する必要からの南西部戦線などに分かれる中で、各戦線に配置された指揮官は、現場の指揮、および占領政策で独立の行動をとった。とくにミズーリに向かったジョン・フレモント、およびヴァジニア戦線の指揮を執ったジョージ・マクレランとの間で、リンカンが抱えた政治上の齟齬、個人的確執は激しかった。

一八五六年の共和党大統領候補を務めた有力者フレモントは、ミズーリに派遣された西部方面軍司令官として六一年八月、リンカンの許可なく、州内で抵抗するプランター所有の奴隷を解放するという軍命令を発した。南北戦争で最初に発せられた奴隷解放命令であった。しかし、その時点ではリンカンは奴隷制問題に触れることを断固嫌った。いわんやフレモントの対象が、連邦になんとか帰属し南部連合国への参加を拒否しているミズーリであれば、なおさらであった。そのような蛮行をしてこの州をいかに連邦に係留していけるのか。怒るリンカンは、フレモントの行動を擁護する多くのアボリショニストの訴えを退け九月、ミズーリ州奴隷解放命令を一か月で撤回し、一〇月フレモントを解任した。

マクレランとの確執

続いて起こったマクレランとの確執は、一八六一年秋から翌六二年年秋まで一年も続いた。

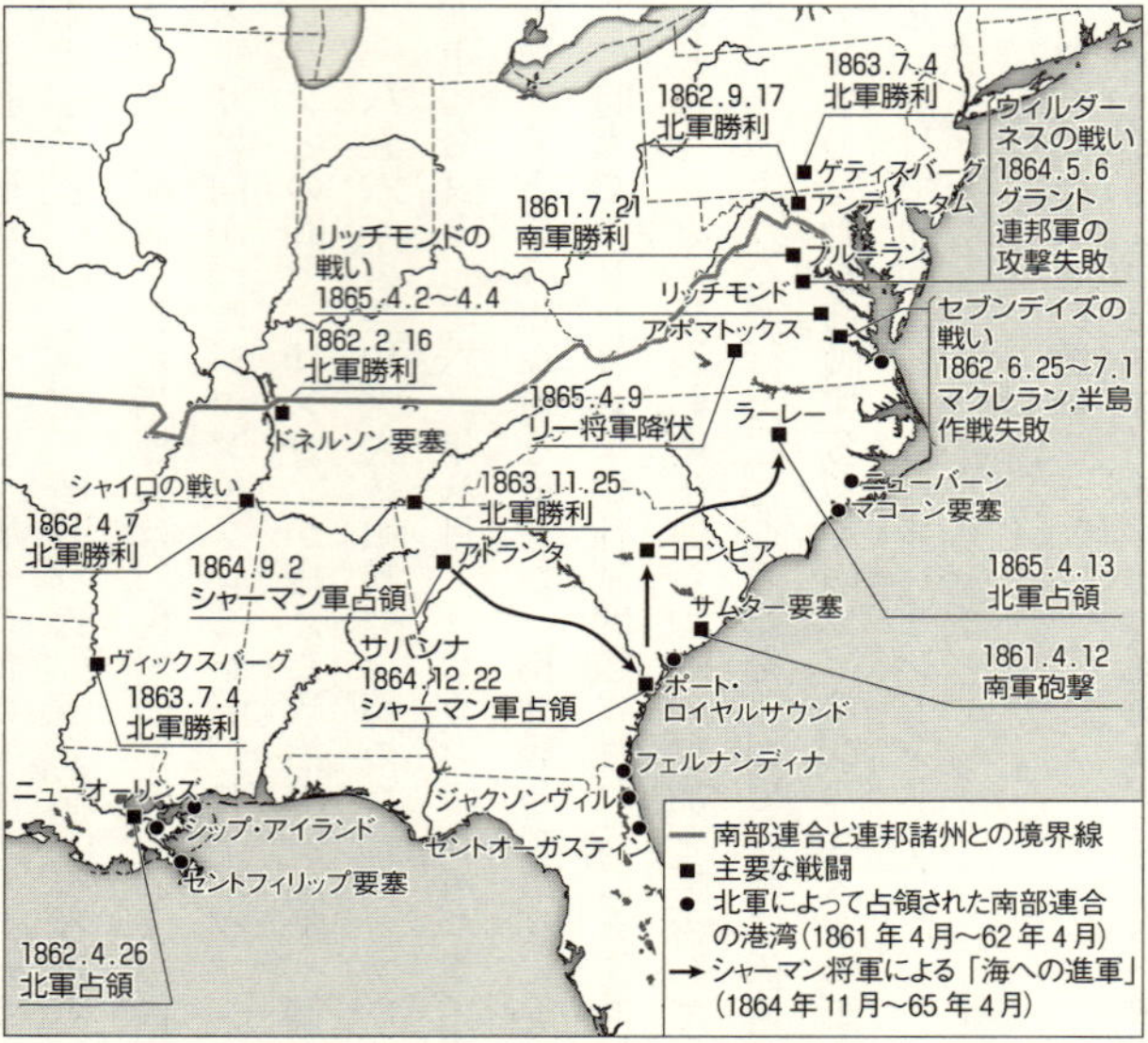

内戦下の南北間の主要戦闘地，およびその勝敗

六一年七月、リンカンは惨敗に終わった第一次ブルーランの戦いの後、首都ワシントンの防衛と共に、来るべき主戦場ヴァジニア戦線の主力となるべきポトマック軍の編成を企図し、マクレランを司令官に任命した。陸軍士官学校出身であり、対メキシコ戦争以来、卓越した指揮官という名声を持ったマクレランは、輿望を担う形で首都入りし、新たなヴァジニア戦線構想において全権を掌握したかのように振舞った。

　リンカンとの軋轢は、両者の個性と軍事思想の違いに主因したが、あわせてマクレランが六〇年大統領選挙で民主党のダグラスを支持するという、南部奴隷制への認識がリンカンと完全に異なったことが決定的要因であった。ポトマック軍の訓練に半年を要したマクレランは、リッチモンドを目指す新ヴァジニア戦線の構築を六二年三月一七日まで遅らせ、戦闘の開始を督促するリンカンとの亀裂を深めた。

ようやく、約一二万人の大軍を擁してワシントンを出立したマクレランは、途中の戦闘を避け海上からヴァジニア半島に上陸し、リッチモンドを狙う「半島戦線」を構想した。しかし、リッチモンド東方六キロのセブンデイズの戦いで進攻を阻まれ、七月には全軍がワシントンに敗走せざるを得なかった。半島戦線の失敗の責任を、リンカンの兵站支援の遅れに帰したマクレランの公然たる批判に対し、敗北に対するリンカンの憤懣は、両者の修復の余地を奪った。

マクレランのたてた作戦は、奴隷制を正当とみなし、南部社会の混乱を避けるとした点が要であった。ヴァジニア社会の日常社会活動を破壊せず、軍同士の大きな会戦によって決着をつけようとする意図であったが、そうした彼の進軍は、大軍からも継続的兵站補給がなければ持続が困難であった。

ヴァジニアでの再度の敗北に続いて、リンカンは一八六二年九月、ロバート・リー将軍率いる南軍が勢いに乗じポトマック川を渡河、連邦内メリーランド州に進攻してくる、さらに深刻な事態に直面した。メリーランドは奴隷州であり、リーはその奴隷主勢力を糾合する目標も持ったことから、首都ワシントンはさながらリー南軍と奴隷主勢力に包囲されかねない危機に直面した。六二年九月一七日から二日に及んだ同州中部、アンティタムでの会戦は、連邦の命運をかけた熾烈な戦闘であった。連邦軍司令官マクレランは甚大な犠牲を払いながらもリーになんとか勝利し、愁眉を開いたが、アンティタムの戦いはリンカンとマクレランとの対立を最終的とした。

兵力で勝りながらマクレランはなぜ、敗走するリー南軍を追撃し壊滅に追い込まなかったのか。リンカンは戦闘直後から不満をはっきり語り(序章冒頭の写真を参照)、一一月、ついにマクレランの解任に踏み切った。

その後リンカンは西部戦線で実績を挙げたウエストポイント出のユリシーズ・グラント(Ulysses S. Grant)をワシントンに呼びよせ、彼にポトマック軍と全連邦軍の指揮権を委ねた(六四年三月)。連邦軍がリンカンのもと指揮系統を整備し、戦線の統合を図ったのはグラントの陸軍総参謀長就任以後であった。しかもその時点では、南北戦争は、連邦軍がテネシー州から南下し、ジョージアなど南部の内懐をえぐるような戦線を構築し、占領地から食糧また家畜までも奪う峻烈な総力戦へと転じていた。

ちなみに六二年九月、激戦であったアンティタムの戦いでは、一日の戦闘で北軍は二千余人の死者を出し、南軍の死者も二七〇〇人に及んだ(双方の負傷者総計は一万八〇〇〇人)。南北戦争は連発式ライフル、スペンサー銃などの新兵器の開発、巨大化する火力、さらに徴兵という社会動員の様式においても二〇世紀を予感させる近代戦と化した。また長期化した中盤から後半の三年は生産力ばかりか生活基盤もかけた消耗戦となり、南北に、合計六三万四七〇〇人余の膨大な死者を生んだ。

第四節　奴隷制問題の浮上

チャールズ・サムナーのクーパー・ユニオン演説

フレモントの解任が示したように、一八六一年末までリンカンは、内戦の激化にも拘らず奴隷制問題には一切触れなかった。じっと耐えていたといってよい。民主党は、南部の離脱で有力な地盤を失い連邦議会でこそ少数政党化したが、なお北部各州で根強い基盤を持った。彼らは、連邦の保持に同意するとしつつも奴隷制の廃止にまで進むことには強く反対し、徹底した反乱鎮圧より早期休戦論を掲げる勢力であった。開戦直後を別とすれば戦争の終息方法をめぐって世論は割れ、リンカンは連邦内での分裂した世論を常に意識する戦時大統領でなければならなかった。

一方、開戦後も連邦に残ったメリーランドなどの四境界州は、自州の奴隷制に対する連邦政府の介入権限をいっさい認めない憲法的立場を墨守した。彼らを連邦に引き留めていく課題からすれば、奴隷制問題は慎重に扱わなければならなかった。そのうえ、反乱は鎮圧すべきだが、奴隷制の廃止を求める動きは内戦をいたずらに長引かせるだけだと暗黙に忌む北部世論は、共和党を含め決して少なくなかった。

しかし、そうした抑制となる要因にも拘わらず、開戦から一〇か月、緒戦の戦闘が北部にとって著しく不調であったことから、奴隷制の等閑視が逆に離脱諸州の勢いを助長し、連邦の不振を深めていると問題視する声が広がっていた。しかも六一年後半、北軍が黒人奴隷の多いテネシー州やサウスカロライナ海岸部などに進攻したとき、呼応して北軍キャンプに集まり始めた逃亡奴隷をいかに扱うかについて、現地軍司令官の間で戸惑いや極端なバラツキが生じた。「その状況を放置すると、われわれ連邦軍のキャンプは奴隷を溜めおく囲い場となるか、あるいは、持て余した司令官が奴隷をプランテーションに送り返すという、逃亡奴隷捕捉のための警備兵に成り下がりかねない」。ニューヨークタイムズ紙は一一月九日、「南部諸州の奴隷制をどのように扱うかが、いま実際的問題となった」と書かざるを得なかった。

同紙はその時点でもリンカンに倣い、連邦政府が奴隷解放を戦争目的に採用することには、明確に反対であると記したが、それから二〇日後、連邦政府による奴隷解放がもはや避け難い問題となり、内戦は共和国の生死をかけた戦いだとする急進的議論を、いやでも報道しなければばならなかった。一一月二七日、ニューヨーク市内クーパー・ユニオン・ホールで開催された大規模な共和党集会に主演者として登壇したマサチューセッツ選出上院議員チャールズ・サムナーは、二時間半にわたって奴隷制廃止論を熱烈に論じたのである。タイムズ紙は演説全文を掲載したうえで、会場が熱気に包まれ演説は歓呼で迎えられたと報じた(NYT, Nov. 28, 1861より)。

たしかに連邦上院を代表する論客の一人サムナーの演説は、登壇の場、そして踏み込んだ内容においても状況を圧する論点を突きつけるものであった。「不幸であるが戦争とは多くの場合に歴史の転換点となってきた。われわれがいま直面している内戦は、奴隷制の維持と拡大のために奴隷主権力が連邦に対して銃を向けた反乱であり、究極的策謀に他ならない。彼らは奴隷制度を守るべき大義として、わが共和国の転覆を目指している。目的実現に向けた彼らの執拗さを念頭におこう。戦争が結局は、奴隷制の廃止を自然にもたらすと言う人がいる。そうかもしれない。しかし実は明確な意思で奴隷制を廃止することが先にあるべきなのであり、その目的を掲げることが、戦争の終結に繋がる最も確かな道である」。

チャールズ・サムナー

一八五一年以来すでに上院議員として二期目にあり、当代きっての学識者として知られたサムナーはリンカン政権の誕生とともに上院外交委員長に就任し、リンカンを支える有力アドバイザーの一人であった。個人的にサムナーの誠実さと学識に信頼をよせるリンカンが、国際情勢への助言を求めたことが、両者の接近契機であった。ただ、相互に信頼関係が生まれても、リンカンはこと奴隷制の存否に関する判断では、「反乱を鎮圧するためにいかなる功罪があるか」が最優先であり、制度の善し悪しはつねに戦争の進展に依存する問題であると、自らの判断と主体性にこだわる姿勢を保持した(CW5, 421より)。

動き始める奴隷制廃止への動き

そうしたリンカン、そして共和党中枢にとっての奴隷制問題は一八六二年の春、手痛い敗戦が続く厳しい戦況を底流に徐々に動き出した。サムナーの繰り返しの叱咤を受けた連邦議会は、四月、首都ワシントンの奴隷制の有償廃止を決断したあと、六月西部準州での奴隷制禁止法を成立させた。そして七月には、反乱諸州から逃亡してきた奴隷、ならびに連邦軍が占領した地域における反乱支持者が保有する奴隷を、「戦時禁制品 contraband」として解放するという、第二次資産没収法を可決した。その没収法には、今後も戦況に応じ大統領が必要な指令を反乱地域に発する権限を持つという、一歩踏み込んだ文面が挿入された。

一方、リンカンは六二年三月六日、連邦内の四奴隷州ミズーリ、ケンタッキー、メリーランド、デラウェアに対し、開戦以来封印してきた奴隷制の廃止を促す大統領案を初めて公表した。彼の提案は、連邦政府が有償の原資を一部肩代わりする優遇手段を提供することで、各々の州憲法規定に基づき解放を進めてほしいとする四州への呼びかけであった。

州の判断による奴隷制の廃止——その場合漸進的有償廃止——は、アメリカ革命後、一八世紀末までに合衆国北部の諸州がとった奴隷制廃止の基本手法であり、一九世紀に入っても、奴隷制を保持する境界諸州において時に、議論としてみられたあり方であった。基本として奴隷主の財産権と意思が尊重され、成人奴隷は有償解放とすること、子ども奴隷の場合も二〇歳まで徒弟として働くことを求める方式が多かった。リンカンは、スプリングフィールドへの移転以来、ケンタッキー州の奴隷所有者に多くの友人を持った関係から、有償かつ漸進的方式が境界州では相応の可能性があるという情報をえていた。しかも今回の提案は、奴隷の解放に対して連邦政府が資金援助を約束するという、十分な配慮を施したものという自信を持っての行動であった。

しかし、結果は、四州政府のすべてが大統領提案をまったく歯牙にかけず、廃止がいっさい進展しない結末であった。六二年三月の計画発表から七月まで、不毛なまま続いた州政府との折衝は、リンカンにとって、あきらかに屈辱であり敗北であった。

その上リンカンの手法に対して、手ぬるいというだけでなく、内戦の勝利に向けて何の手助けにもならない、問題は離脱した南部諸州本体の奴隷制だ、という議論をアボリショニストらは浴びせた。

六二年六月から七月にかけて、リンカンは強まるその批判に耳を傾けながら沈黙を保った。戦闘はますます長期化の様相を示し、内戦に不満を抱く勢力が拡大しつつあった。開戦から一年強が経過した六二年の初夏、リンカンが、合衆国における奴隷制問題について徹底した再検討を始めたことは、間違いなかった。彼の転換は、秋にかけてやがて明確になった。

第五節　奴隷解放宣言の決断

対英関係の悪化

内戦が一年に及ぶ間、リンカンを常に悩ませた問題の一つは国際関係、とくに対英関係であった。連邦軍の再三の躓《つまず》きが伝えられた一八六二年七月イギリス政府内では、フランス・ナポレオン三世政府とともに、合衆国と南部連合国との講和を斡旋するという国際調停計画の検討が謀られていた。首相パーマストン（Lord Palmerston）、外務大臣ラッセル（Lord John Russell）、さらに大蔵大臣グラッドストン（William Gladstone）という自由党内閣の首脳たちが密かに検討した、南部連合国の国際承認を前提とする動きであった。

そもそも内戦勃発当初からパーマストン政府は、南部連合を事実上の交戦国として認める「中立」という態度をとり、南部の海上封鎖を目指すリンカン政府と衝突していた。合衆国政府の立場からすれば、主権国家の内乱鎮圧行動に対し外国が国際法を盾に「中立」を主張するなどあり得ず、それは明確な内政干渉行為であった。開戦の年の一一月アメリカ海軍はキューバ沖でイギリス船トレント号を臨検し、南部連合が派遣した駐イギリス公使など二名を拘束し、英米の関係は一気に戦争が囁《ささや》かれるまでに緊迫した。

事件は五〇日後、アメリカ側が捕縛した二名を釈放してひとまず事なきを得たが、両国の関係がそこまで深刻化した背後には、イギリス政府さらに議会が、内戦を奇貨として合衆国の分裂を期待する思惑をもったことがあった。とくにカナダ植民地の防衛さらには太平洋などでのアメリカの台頭を懸念していたパーマストン政府の姿勢は、奴隷制を道義的に否定するイギリス世論の関心などとはまったく別次元の、帝国戦略であった。

それから半年後、六二年六月から七月にかけて、ヴァジニア戦線などの軍事情勢からみてアメリカの分裂はもはや不可避とみる判断がイギリス政府を鼓舞した。外相ラッセルは「さらなる流血とおぞましいまでの戦争の長期化」は、文明そのものに対する侵犯行為だとして、南北停戦への働きかけの大義としようとした。それが合衆国に漏れてくるのは六二年七月後半、連邦軍の軍事情勢が最悪となりつつある時期と重なった。

七月末、グラッドストンがパーマストンに示した覚書きは、合衆国の南北分裂を想定し、相互の国境について、メリーランド、ウエスト・ヴァジニアは北部側へ、テネシー、ケンタッキー、ミズーリは双方が分割し、西部に関してはニューメキシコを南部に帰属させ、残りは連邦側が確保する案であった(Carroll より)。

もとよりリンカン政府はイギリス政府の動きを重大な脅威と受け止めた。八月一八日、国務長官スワードは駐英大使チャールズ・F・アダムズにむけ、イギリスの調停申し出はアメリカに対する侮辱に止まらず、事実上の宣戦布告に等しいことをイギリス政府に伝えるよう命じた。

その間スワードは、奴隷制問題に対する新政策の提示を、メリーランドにおけるリー南軍を打ち破るべき緊急の戦い(アンティタムの戦い)の後にずらすよう、リンカンに進言していた。内戦への干渉を拒絶するには、まずもって連邦の優位、戦線の好転を確保しなければならないと言うのであった。

奴隷制に関する新政策の立案がリンカンの戦略の中で加速度的に緊急になったのは、彼の奴隷制問題に対する思索の進展と共に六二年夏のそうした国際情勢の切迫でもあった。リンカンはサムナーらの情報からイギリス政府がいかなる対米政策をとるにしても、イギリス国内では奴隷制への反対が広い世論であることを承知していた。

七月から九月にかけて、パーマストンも状況を注視していた。リンカンが国際調停を受諾する意図を持たねば、不用意なイギリス側からの申し出は、英米間の戦闘に結びつきかねない。そうした緊迫の中で六二年九月後半、連邦の戦況が幾分好転した時、リンカンの奴隷解放予備宣言が発せられた。パーマストンは夏からの調停計画を胸に秘めたが、最終的には連邦が危機を脱したこともあって、六二年一一月一一日、閣議で計画の見送りを正式に決定しフランス政府に通知したことが今日知られる。

しかしその後もイギリス政府は、合衆国の激震である南北戦争を機にカナダ植民地の統合、強化を画策した。戦中から有力な一手として検討された、統合植民地に自治権を与える自治領カナダ連邦への再編は、六七年に実現した。その後カナダ連邦政府は八三年、カナダ太平洋鉄道を完成し、合衆国に対抗する大陸横断鉄道を整備した。

一方、フランス・ナポレオン三世は、アメリカ内戦が始まった六一年春、南のメキシコに対し、債務不履行を口実に軍事占領の挙にで、六四年マクシミリアンを擁立してメキシコ全域の支配に乗り出していた(ただし彼のメキシコ帝国は六七年に崩壊する)。合衆国の内戦は北アメリカ大陸全体に及ぶ権力闘争を激化させ、厳しい国際環境の中で戦われた戦争であった。

奴隷解放予備宣言から解放宣言へ

境界四州の有償奴隷制廃止の提案が完全に袋小路となった一八六二年七月の段階で、リンカンははっきり発想を転換していた。境界州の問題はもはや捨て置いたまま、反乱している南部諸州の奴隷制を、内乱鎮圧の大義によって一気に潰すという急進的新戦略への転換であった。

憲法体制からみて連邦議会を通した法的対処が困難な中、彼が着想したのは、合衆国大統領の立場から内乱地域を平定する軍命令として、反乱勢力の支配地域すべてに繋がれている奴隷を、戦時禁制品として没収、解放するという、大統領宣言の手法であった。この手法によれば、南軍が支配している現状では事実上一人の奴隷も解放されないが、逆に反乱を鎮圧するという最終目標を維持し、その目標の下で全黒人の支持を得ることができるという包括性があった。しかもそれは大統領の専権で出せる命令であった。

リンカンは六月から七月にかけて、完全に沈黙したまま自らの手で計画を創案した。そのうえで彼が七月二〇日前後、一部の閣僚に示したのは、反乱者であるか否かを問わず、連邦に歯向かうすべての反乱「地域」を指定し、そこに保有される全奴隷の解放を宣言する大統領令案であった。

たびたび頓挫する戦況の危機が、行き詰まりの打開を目指す新政策の基本誘因であったが、それだけに新しい策は戦況の相応の好転を待って出すほかなかった。その思惑から二か月間秘匿され、リンカンが七月以来温めた大統領令「奴隷解放予備宣言」を発表したのは、メリーランド・アンティタムの勝利で連邦軍がようやく一息ついた、六二年九月二二日であった。それはまさに乾坤一擲の策であった。

当初あくまで敵の基盤を奪う軍事的必要を表の理由に掲げた命令であったが、リンカンはその解放予備宣言によってついに、連邦政府による奴隷制の強行的廃止に舵をきった。それが三〇〇万人を超える奴隷に対する、一切無償の、一方的解放令であったことが、状況の劇的転換を示した。成人奴隷はこの時点で八〇〇ドルから一〇〇〇ドル前後、子どもでも数百ドルで売買される、明確な財産であり商品であった。

九月二二日の閣議の後に発表された「奴隷解放予備宣言」は、それから三か月後六三年元旦をもっても抵抗を続ける地域、州について、合衆国軍最高司令官リンカンの名において、奴隷は、永遠に解放されるとし、つまるところ奴隷はもはや家産ではないことを明示する内容であった。かくして発表された大統領令は北部内でも戸惑いや反発の声が直ちに上がる、複雑な受け止め方を惹起したが、決断した後のリンカンは頑強であった。三か月後、六三年一月一日、彼は予告どおり「奴隷解放宣言」の発令に進んだ。その時点で連邦軍が占領したテネシー州を除く、ヴァジニアからテキサス州まで反抗する全南部地域に及んで、大統領令のもと奴隷の解放が命じられたのである。

振り返れば六二年三月にリンカンが示した奴隷制への最初の行動は、連邦に残った四奴隷州を対象に、金銭的補償を約束することで任意の奴隷解放を呼びかけたものであった。しかし六三年一月の新方針はそれまでの有償性、さらに任意性をすべて棄てさる内容であった。

その道をとったとき、州権をどう扱うか、さらに従来絶対とみられた財産権をいかに捉えるかという合衆国連邦体制の基礎的枠組みについても、既存の理解のいくつかを廃棄し、あるいは修正しなければならない事態を見据えた決断であった。

反乱地域を指定したことから、連邦軍がすでに占領していたテネシー州を対象から外し、また連邦にとどまった境界四州五〇万人の奴隷も適用外とした。しかし一月の宣言によって境界四州の奴隷解放もいずれ迫られるだろうことを多くの人が予測した。内戦はいまや南部の再統合を目指す戦いだけでなく、合衆国政治と社会の大きな変革を伴う段階へと突入したのであり、それだけに戦争の遂行は一層難しさを増した。

手を震わすリンカン

解放予備宣言令の発布に先立つ一八六二年九月二二日の閣議でリンカンは、自らの決断を変更不可の決意として閣僚らに示した。大統領のこの強い意向に対し閣僚が示したやや消極的に近い反応を、リンカンの秘書ニコレーとヘイが海軍長官ウェールズの陳述などにそくして記録している。

明確に賛成の意見を表明したのは軍事的立場からの陸軍長官エドウィン・スタントンだけで

あった。自由土地党の創建者でありアボリショニストであった財務長官サーモン・チェイスは、意見を促され、この種の大統領令の場合、最高裁の違憲判決を受ける危険があるとした上で、提案そのものへは賛意を表明した。しかし、他の閣僚が沈黙するなかで、反対意見をはっきり表明したのは保守派の郵政長官モンゴメリー・ブレアであった。「この宣言は連邦に残る境界奴隷州の忠誠を一気に危殆に陥れるであろう。彼らを即座に南部離脱勢力のもとに押しやることになりかねない」と。しかし、リンカンはブレアの意見を、次のような強い言葉で押し切った。

わたしは今年の初めから境界諸州に対して奴隷制の廃止が彼らの利益になるものと説いて説得を続けてきたが、彼らは耳を貸さなかった。われわれは今前進を始めねばならない。境界諸州も、やがて事態の真の意味を理解するであろう。つまり、奴隷制は、奴隷所有者の行動によって死の宣告を受けたのだという事実を。言い換えれば、奴隷制は反乱をこえて生き残ることはありえないという、事の真実が重要なのである。（*N&H*6, 165より）

リンカンが九月二二日に示した判断は、内戦を誰よりも長期の視野で眺め、そして状況の本質を熟考した重い思索に裏打ちされていた。その思考が語ったのは、悲劇的なまでの内戦を経験しているアメリカは、いま真の近代国家に生まれ変わらねばならないこと、そのためには、もはや建国以来続けてきた奴隷制との共生という政体に二度と戻ることはできない、という確信であった。

六三年元旦、「解放宣言令」に署名した折、リンカンの手は震えていたという。ただしそれは躊躇《ためら》いでなく、秋からの疲労の蓄積のためだと彼は周囲に語った。

第 4 章

「業火の試練」を背負って

1863〜65 年

1865 年 3 月，南北戦争の最終戦場となったリッチモンド攻撃にむけ，グラント軍の本営シティ・ポイントに集められた火砲列

「業火の試練 fiery trial」という言葉は，新約聖書「ペテロの手紙 1」の第 4 章 12 節から 14 節で語られる説諭にある．英文実例（下線引用者）

12　Beloved, do not be surprised at the fiery trial when it comes upon you to test you, as if something strange were happening to you.
13　But rejoice to the extent that you share in the sufferings of Christ, so that when his glory is revealed you may also rejoice exultantly.
14　If you are insulted for the name of Christ, blessed are you, for the Spirit of glory and of God rests upon you.

ここでの苦しみとは，神の子たちが練磨され，純化され，そして浄化に至る試練の過程とされる

第一節 人種差別主義の問題

歴史を意識するリンカン

リンカンが内戦を、「業火《ごうか》の試練」という痛烈な言葉で表現したのは、彼が奴隷解放予備宣言を発した二か月半後の一八六二年一二月一日、議会宛年次教書においてであった。奴隷解放宣言に対して連邦内でも強い批判があることを承知していると前置きした上で、それに応えるという文脈であった(以下、CW5, 534-537より。傍点引用者)。

奴隷の解放は白人労働者の仕事を奪う、と言われるが、真実ではない。解放は、おそらく白人労働者の賃金を引き上げることになろう。……解放奴隷が市井にあふれ、白人の土地を奪うことになるとも恐れられている。しかし、それも真実ではない。わが国における黒人と白人の人口比は、一対七である。それぞれの人口が等しく全国に分配されれば、土地問題で白人が黒人を恐れる必要は全くないのである。

そのように説明した上で、彼は教書をかく締めくくった。

> われわれはなにより歴史の審判を避けることができない。……今われわれが格闘している業火の試練は、望むと否とにかかわらず後世に語り継がれる出来事である。それを後世の人々は名誉をもって語るのか、不名誉と振り返るのかが、問われている。……われわれは、いま連邦を守ると謳い、その責任を負っている。守るためにとろうとする手段は、奴隷に自由を与えるという、本来あるべきすべての人々に自由を保証する方法である。われわれはこれまでも同様の名誉ある手段によって、国内の人びとに対し自由を与え維持してきた。……奴隷の解放以外にも、業火の試練を乗り切る他の方法があるのかもしれない。しかしこの手段をもって進もう。その道こそが明白で、平和的であり、寛大であり、また正義に基づく道だからである。

リンカンがいつの時期から、「業火の試練」という自らの退路を遮断する認識で内戦を捉えるようになったのか、その時点を一点に特定することは難しい。しかし、教書の文脈から推して、六二年夏の奴隷解放予備宣言を決断する思索の過程であったと見るのが、合理的推論であろう。

余りに凄惨な内戦を文明の進歩という文脈に置き直し、「業火の試練」を乗り越える道筋は、自由と正義でなければならない、われわれはこの「業火」に対して責任を負うのだ、と語る彼の突き詰めた認識は、以後、リンカンが暗殺の瞬間までもち続けた、内戦に対する独特の歴史認識であった。

一九世紀半ばにおける一般的人種観

一八六二年九月二二日の閣議で了承されたリンカンの奴隷解放予備宣言書は翌二三日には、全国に伝達された。厳密に言えば、二二日の予備宣言令はA4二枚程度に及ぶ長い、複雑な文面であった。三か月後の六三年初頭の時点でなお反乱を続ける地域の奴隷主権力に対して、彼らの奴隷はすべて無条件に解放されるというのが骨子で、本宣言までの三か月間に関しては、反乱者の脱落を誘う目的で、猶予の留保が付された。抵抗をやめ連邦に復帰を願い出た地域については、奴隷の解放は無条件でなく、連邦政府が財政援助を行う有償のものとなろう。あわせて解放後については、連邦政府が黒人の海外移転、つまり奴隷制廃止後の黒人の海外植民を援助するという、植民計画までが触れられていた。この黒人海外植民計画は、リンカンが六二年末の議会教書においても、奴隷の解放は、決して白人の職場を奪うことにならないとした理由の一つであった。

結局留保事項に乗って反乱をやめた地域はなかったために、記された項目がそのまま政治的に適用されることはなかったが、述べられた事項からは、リンカンが奴隷制廃止後の社会をどのように展望していたかに関し、幾つかの鍵となる思考が読み取りえた。最も注目すべきは、奴隷制廃止の文脈で黒人の海外植民に触れた点であった。

奴隷制へのリンカンの法的な認識、とくにその外枠となる南北関係に関する国家観は、大統領就任の時から六二年末までに大きく転換した。しかしその一方、経済的、社会的労働制度としての奴隷制の廃止を決断したからといって、すべての人種が平等だという文化的社会認識にまで変化が及ぶというほど、ことは単純でなかった。あえていえばリンカンの場合、またアメリカ社会全体にとっても、六二年夏以降「奴隷制の基盤となった人種差別主義の問題」つまり「奴隷制のない人種の問題」が浮かび上がっていた。

黒人は人間ではあっても、白人種とは地理的、歴史的に全く異なる世界に住む劣った存在である。畢境白人種が造りだす合衆国政体において黒人は、異邦人だという人種認識は、植民地時代以来、アメリカ革命を経て一九世紀半ばまでを貫通した合衆国の基本的な政体観であり、人種観であった。またそれが奴隷制度の基盤でもあった。

一八五七年、最高裁ドレッド・スコット判決で長官トーニーは、次のような合衆国固有の人種区分の論理を展開した。合衆国の政体では、かりに解放された黒人であっても、さらには解放されて何代たつ子孫であっても黒人は、永遠に市民になり得ない。なぜなら、合衆国人民つまり市民とは、「共和制度に則って主権を担うことを謳った政治共同体 political body」の構成者からなる。憲法制定時点において各ステイトの市民であった白人、およびその子孫からなる人々が、そこでの構成者なのだ、という論理であった(Dred Scott v. Sandford, 60 U.S. 9–11より)。

つまり白人こそが合衆国市民としてわが統合共同体を担うのであり、奴隷であったアフリカ系またその後解放された彼らの子孫は、合衆国憲法を生み出したメンバーではない。そのため、建国後、特定州が自由黒人に対して「限定された市民的地位」を認める場合があったとしても、彼らは主権的「合衆国市民」からは恒久的に排除されている、と断言されたのである。

この最高裁長官の主張の法的根拠となった一つは、帰化法であった。建国後まもない一七九〇年に制定され、一八七〇年代まで本質的に変わらなかった帰化法の要は、一定の期間国内に在住した「白人」のみを「合衆国市民」と認定するという内容であった。一八二一年、連邦司法長官ウィリアム・ワートは、白人に限定する帰化規定を補足して次のようにも述べていた。

「もし[アメリカ生まれという]出生、そして居住、忠誠だけをみて特定州の自由黒人[たとえばマサチューセッツ州の市民]が、憲法がいう意味の合衆国市民となる条件を満たすというのであれば、自由黒人は連邦政府の高官にもなりうる」ことになる。しかしそれは到底わが国が了解できる考えではない。つまるところ「いずれの州でも市民たりうる完全な権利を持たないものは、合衆国市民とみなすことができないというのが、憲法の解釈でなければならない」(Kettner より)。

最高裁長官トーニーが語った趣旨は、黒人は、居住の州法規定によって特定州内での人権を保障され、訴訟をおこす権利、法廷において証言する権利を持つことがありうる。さらには選挙に投票する権利も持ちうる。「しかし、彼は合衆国内の全州を自由に移動する市民としての権利を持たない。なぜなら彼は、合衆国政体を構成する市民としての合衆国市民ではないからである」、という内容であった。南北戦争後までアメリカ国務省が、海外渡航を希望する自由黒人に対して、パスポートを発行しなかったのもそれが理由であった。

ちなみにこの人種観は、合衆国のみで正当性を主張した論理ではなかった。広くみればそれは、アメリカ社会とともに、一九世紀を通して西欧社会に通底したヨーロッパ人の啓蒙的世界観であった。たとえば近代社会における自由について、最も透徹した思索に至ったイギリスの哲学者ジョン・S・ミル(一八〇六―七三)でさえ、ある種の盲点ともなる啓蒙的人種観の難点を露出していた。

一八五九年、ミルは『自由論』に次のように書いた。思想と表現の自由を核とする「個人の自由」とは、単に専制的政体に対してばかりか、人民の多数の支持を受ける民主政体において、またそこでの多数世論に対しても、毅然として主張されねばならない原理である。それこそが個人の自由ばかりか、「社会の多様性」を保持する基礎であると。

しかし、その一方で、以上の自由は、成人としての能力を備えた社会においてのみ適用される、とも但し書きした。彼は、「民族そのものが未成年と考えられる社会状態では、……目的が未開人を改善することであり、手段が改善という目的の実現で正当化される限りでは、専制が正当な統治の仕方である」とした。

論理的にはかく整理してよい思想が根底にあった。人種は、それぞれに独自の文化展開をしてきたのであり、とくに、ヨーロッパ文化に起源をもつ政治共同体いわゆる近代国家とは、その形成に至る過程で独自の文化的な絆また文明の累積をもって創造された。ヨーロッパ系白人文明が創り上げた政体は固有のものであり、その間「異邦人」であり未熟であったアフリカ系人種とは、歴史性のゆえに相容れない。ヨーロッパ系白人「文明」が彼らとの混合を拒否する、あるいは拒絶せざるを得ないのはそのゆえなのだ。

少なくとも二〇世紀初頭まで、ヨーロッパ文明に基づく近代国家論とはそのような意識を潜在的に持った。われわれは、リンカンがその大文字の白人「文明」世界観にそって、内戦冒頭の時点では、アフリカ系人種はアメリカの地に残るべきでなく、彼らを故地に戻す、つまり移住させる事業が、アメリカ人の「贖罪」として負う義務と捉えた人物であったことは、すでに指摘した通りである。

第二節　新たな平等論の台頭

白人文明規範に抗って

リンカンは、かつて黒人植民論を語っただけではない。重要であったのは、一八六二年の秋、奴隷解放宣言を発する前後の時点で彼が、アフリカ系アメリカ人の海外植民計画を具体的課題とみなし、その実行に強い意欲を示した点であった。六二年半ばからの数か月、リンカン政府が中米コロンビア領チリキなどへの合衆国黒人の植民事業を計画したことは、すでに確認されてきた事実である。

しかし、そうした植民計画がどれもみじめな形で失敗に終わった一八六三年初めの時期を境に、彼は植民計画では解決できない黒人、そして人種の問題を熟考し始めていた。それは、解放宣言によってアメリカ社会に解き放たれるアフリカ系アメリカ人が実は老若男女あわせて総計で三九〇万人、合衆国人口の八分の一にも及ぶ膨大な数であったこと、しかも彼らは、植民地時代から数えて二世紀もの間この地に定着し、英語を母語とした人々、またその子孫であった事実にあった。その事実を背景に、合衆国黒人はすでに独自の政体論を案出していた。

植民地時代をも視野に入れた彼らの論旨はこうであった。慈善的白人は自らの政治発展を語るとき、アメリカの地に黒人がいるのは、奴隷貿易という白人社会の強欲なビジネスが結果した歴史の逸脱であったと説明する。しかしそんな彼らの説明がお座なりで、無意味であることは明白であろう。つまるところ新世界、また合衆国は、植民地の初発から黒人が加わって開拓した政治体であった。社会が国家の基盤であると言うのであれば、黒人は、何人《なんぴと》からも指斥《しせき》される謂れはなく、初期からの社会構成者であり平等なアメリカ市民なのだ。

ミルでさえ、文化的に劣る種族には市民社会の規範は通用しないとみなしていた一九世紀半ば、大西洋を越えて巨大な奴隷制をもったことで内戦にまで突入せざるを得なかったアメリカでは、まさに歴史の弁証法的展開とも言ってよいような、ヨーロッパ文明規範を逆転的に批判する議論が考案されていた。アフリカ系アメリカ人は、初期からの社会構成者であり平等なアメリカ市民なのだというその主張は、リンカンらが一八五〇年代から奉じた、自由労働論を基礎とした反奴隷制論とは、全く異なる論理構造に依拠した、いわば近現代世界史に向けての最も徹底した反奴隷制・反人種主義政治論であった。

おそらく今日知られる文書からみて、一九世紀に入った早い時期から、北部ニューイングランドに生きた幾人かの自由黒人アボリショニストの間から、そうした主張が展開され始めていた。一八二九年、ボストンに住んだ黒人ジャーナリスト、デイヴィッド・ウォーカーが出版した『世界の有色市民、とくに合衆国の有色市民へのアピール』は、まさにその論理に貫かれた最初の、ヨーロッパ文明、そして合衆国憲法体制に抗う変革のパンフレットであった。

アメリカ独立革命で謳われた「すべての人間は平等」という文章を引くことで、奴隷制の異様さ、そして黒人差別を告発した全文七〇頁を超えるウォーカーの激論は、彼が翌年には三六歳の若さで死んだことで早世のアピールとなったが、その後二〇年ほどをかけ一八五〇年代には、反人種主義、そして平等なアメリカ市民の立場から奴隷制を否定する議論として、一部有力黒人アボリショニストの骨肉にすでに膾炙していた。リンカンは同時代人としてその議論に正対し、その深い意味を熟慮しなければならぬ立場の政治家として生きていた。

既述のフレデリック・ダグラスは、まさにその立場に立つ最良の論者であった。五二年七月六日ダグラスは、独立記念日を祝う華やいだ集会に臨んで、「独立記念の日とは奴隷にとって何を意味するか」と題する畢生の演説を行った。彼はその日の講演を、このように展開した。「アメリカの建国の父たちは独立に際し、すべての人民がこの地において固有の権利をもつと主張した。彼らは人間の平等と不可譲の権利を世界に謳ったのである。それがアメリカ共和国建国の理念であるとすれば、奴隷制の存在は、世界に目を向けるこの若い共和国の恥辱となるものである」。

そう語ったうえで彼は、論点を共和国の「恥辱」から、さらにアメリカの「再生」という議論へと昇華させた。「奴隷制即時廃止の実現は、この国の伝統にある平等の理念、そして世界的人間精神の再発見につながるという意味で、実はアメリカの再生を求める行動なのだ。アフリカ系アメリカ人は紛うことないアメリカ市民なのだ。わが国が独立宣言書に建国の根拠をおくという意味は、奴隷制の廃止が合衆国国民の義務だという事実を承認することなのである」（一八五二年七月独立記念日演説より。傍点引用者）。

ダグラスは稀代の思想家であったが、そうした急進的黒人アボリショニストたちとの交流を通して、「アフリカ系アメリカ人はアメリカ市民だ」という思想を劇的なまでの近代国家論に仕立て上げていたのが、内戦期リンカンの間近にいたサムナーであった。共和党の重鎮であり、議会の要職、上院外交委員長にあった彼は、穏健であった共和党一般を代弁するにはあまりに先進的であった。しかし、その一歩先をみる立場で注目すべきは、サムナーが内戦という国家分裂、そしてリンカンが言う「業火の試練」認識を契機に、近代国家としての合衆国を歴史的に普遍化してみる国家論をまとめていた事実であった（Sumner, “Are We A Nation?,” Nov. 19, 1867 WCS16, 3-65）。

のちから見ても、アメリカ政治思想の古典と評してよい『アメリカにとって国民とは何か』と題されたその言説を、筆者はすでに紹介したことがあるが、改めてその大意を要約し、リンカンらに与えた影響を考えてみたい。

近代国家とはいかなるものか。サムナーはリンカンとも共通する歴史的な問題の組み立てから議論を始めていた――。一八世紀から一九世紀にかけて、イギリスを始めヨーロッパの多くの国家が、統一政府のもとで近代化と文明化を進めた。国民とはその過程で一つの法、共通の政治制度のもとにつながる領域内の人民として構想されたものであり、その意味の「国民」とは紛れもなく近代こそが生み出した新しい概念である。「連邦」という形態をとりはしたが、合衆国も近代の潮流で生まれた政治統合体であり、この国の主権を担うのはあくまで一つの国民である。今次の内戦を通して生まれた憲法修正第一四条に謳われる「合衆国市民」が、その国民を規定している、と。

憲法修正第一四条については終章で詳しく記すので、今は先にいこう。サムナーはこのようにアメリカ領域内に出生した人々、合衆国の統合の意義をそれ自体歴史的な経験に基づいていると説明した。

近世から近代に向けて「国民」の形成を目指した多くのヨーロッパ諸国は、独自の政治制度を構築する際、民族や言語の一致という文化的要素を活用した。現在もそうであろう。「国民」がそうした共通の歴史意識で繋がることは結合にむけて決定的に重要であり、合衆国も例外でなかった。しかし、その歴史体験の中で合衆国国民が持ったユニークさは、近代を形作る人権(human rights)に最大の統合力を求めた点にある。合衆国国民は、内部に人種の違い、出自の違いなど、いかなる多様性があっても、市民として国民が持つ基本的権利は完全に平等であるという信念において歴史的に統合されてきた。合衆国市民、そして「合衆国市民権」という概念は、その平等であり、一つである国民という確信を改めて明記する理念なのである。

サムナーはなおも敷衍する。「問題は抽象的でなく新しい制度設計を必要とする。奴隷制廃止後の連邦政府［サムナーは「ネイション」とよぶ］は、従来からの国家の防衛や、合衆国憲法が謳う国内の平穏と福利の向上を目指す役割に加え、国民の本来的権利「合衆国市民権」を保護するうえで重大な役割を持つ存在でなければならない。国民の市民権、参政権、そして社会権［後述］を含む「合衆国市民権」に関しては、すべてそれらを平等に保護する制度をいまわれわれは構築しなければならないのである」。

「その目標に向けた当面の試金石がアフリカ系アメリカ人の参政権である。わが国市民のすべてに平等の参政権があって初めて「国民」が生まれることを明記しよう」――。

このようにしてサムナーは、アメリカ社会の根底にある人種差別意識に対して、あたう限りの機会を通して挑戦した。「平等の国民を作り上げるには、なにより初等教育時から白人が黒人と共に机を並べて学ぶ、人種混合の教育が重要である。小さい時からの教育の共有が、一つの国民を生み出す基盤となる」。

そうした教育、さらには公共生活での平等を謳う社会権を説明する途上でサムナーは、公共生活上のいかなる差別も排するという主張を、次のような表現でも語った。たとえば公営墓地の利用について、「死者として埋葬された人間はやがて腐敗する。その時彼、彼女が白人であったか黒人だったかなどは全く判別がつかず意味がなくなる。墓地を区分し、白人墓地から黒人を排除することに何の根拠があるのか」(CWS19, 217-246より)。

サムナーは内戦初期から奴隷制廃止を説いたばかりでなかった。六三年の初めリンカンの奴隷解放宣言後は、解放黒人をなお二流市民と捉え、黒人選挙権に関心を示さなかった自らの共和党に対して、徹底したリアリズムを武器に批判を厭わぬ急進派の立場をとった。内戦を通して、アメリカ政治思想はまさに大きな転換を体験していた。しかも、そのようなサムナーがマサチューセッツ州選出の連邦上院議員の職を保持し、連邦の要職にあった事実に、われわれは注意を馳せねばならない。

リンカンは、奴隷解放予備宣言から六三年を通してアメリカ政治思想に起こっていた、さながら地殻変動に近いその変化に向き合っていた政治家であった。そして内戦が終了する六五年春までに、彼はその思想の革新的方向を繊細なまでに理解する、包容力を示していくことになる。

変化を恐れなかったリンカン

たしかにリンカンは青年期から、民衆の情緒的行動を衆愚として批判し法的秩序を貴んだ点などで、一面で保守的であった。しかし、他方で彼が胚胎した歴史感覚は、一八五〇年代初めから時代を激変する潮流と見抜く視点で一気に鋭さを増し、内戦下の状況と思想を高度に理解する政治的敏捷さを加えて、いかなる異論に対しても検討と変化の可能性を考えるという、柔軟な想像力と経験主義を育んでいた。

その想像力と経験主義の背後には、自らをアメリカ革命の思想に連なるものと自己規定し、「市民の自由と平等の権利」を具体化する「人民の自己統治」理念を世界に開示するという、硬質な革命的伝統への帰属感があった。

奴隷解放宣言後に浮上してくるアフリカ系アメリカ人の問題、人種がリンカンの脳裏に張り付く問題となったのは、六三年も半ば頃からであった。その時点で内戦はすでに二年を経過し、連邦軍は初期の動員兵力の半分近くを失う危機にあった。リンカンは、六三年初めから徴兵制の導入に踏み切り二〇万人強の兵力の増強を目論んだが、開戦以降一年半を過ぎた時期から浸潤した北部の厭戦気運のため、さらには反戦の気運のために、徴兵は目標の六割程度に止まらざるを得なかった。そのため彼は、六三年元旦の奴隷解放宣言を機に、自由黒人さらには解放奴隷の徴募、訓練を新機軸として進めた。その結果、六三年後半までには連邦軍実質兵力八〇万強の二五パーセント、約二〇万人が、黒人兵によって担われる全く新しい状況が出現していた。他にも大工、運搬・建設人足、料理人、看護師などで軍に協力する黒人は増加していた。

1863年半ばから，連邦軍に重要な位置を占めた黒人兵

「いま黒人兵を失えば連邦はわずか三週間で戦いを放棄せざるを得ない」だろう、「彼らは口を閉じ、歯を食いしばり、じっと前を見据えて連邦のために戦っている」と、リンカンは六三年後半に語った。連邦を維持する戦いの決定的一部を黒人兵が担う冷厳な現実は、内戦後に目指すべき新しい連邦統治を考える上でも、リンカンにとって、もはや無視できない問題となろうとしていた。

とくに北部で厭戦気運が高まった背景の一つが、奴隷解放の戦いなどという内戦は、戦うに値しないとする心情の広がりにあったことは、彼にとり衝撃的であった。六三年七月ニューヨーク市で五日間にわたって混乱を引き起こした、徴兵に反対する大規模な反黒人暴動は、多くの黒人死者と黒人住居の打ち壊しをもたらした。マンハッタンに住む自由黒人は一掃されたという。リンカンにとって、暴動は看過できなかった。小規模であったが六三年にはその種の暴動がいくつも見られたからであった。

人種差別が連邦の保持に決定的に障害となるのであれば、サムナーが言うように、合衆国の国民意識そのものを緩やかでも、独立宣言が謳う「すべての人間」は平等だという論理に向けて、刷新しなければならないのではないか――。人種差別感情の噴出は、内戦の意味を合衆国の長い歴史的文脈において捉え直してみるという、政治的俯瞰力と歴史的分析力を最大限に駆使する領域へとリンカンを誘った。

いささか先取りになるが、六五年の三月、リンカンが第二期大統領就任式の演説で、内戦の本質を植民地時代まで遡って位置づけ直すという、彼の変化を示す白眉の演説を行ったことに触れてみたい。さしもの内戦も終息が間近に迫る中での演説であった。

贖罪の戦いという認識

一八六五年三月四日、ホワイトハウスから改修中のキャピトルヒル(国会議事堂)に出向いたリンカンは、三〇〇〇〇人の聴衆を前に第二期に向けての抱負を語った(以下、第二期大統領就任演説 CW8, 332-333 より)。

彼はその日、アボリショニスト、シオドア・ウエルドらが多用した、痛烈な響きをもつ「アメリカ奴隷制 American Slavery」という表現を取り入れて、奴隷主権力である反乱者のみならず連邦のすべての国民が、神の怒りを買った奴隷制の罪に対する責任を負わねばならないという、まさに革命的な議論を展開した。マタイの福音書一八章などを引き、躓き(offence)、悲嘆(woe)、そして償い(pay)という聖書表現を縦横に駆使した説明であった。

「内戦の原因は奴隷制にあった」。戦いの終結、そして戦後の再建は、奴隷制の根絶なくしてあり得ないだろう。

戦前「わが国人口の八分の一が有色の奴隷であり、南部におかれていた。そうした奴隷を支配したのは特殊に圧制的な制度であった。その制度をさらに強化し、恒久化し、拡大しようとするのが、反乱者がユニオンを分断しても貫こうとした目的だった。一方で、われわれの政府は奴隷制の地域的な拡大を抑制する以上には、その制度にいかなる行動もとる権限がないと主張し続けていた。どちらの側も、戦争がかくも巨大に、そして長期に続くとは考えていなかった。そればかりか、戦争の原因である奴隷制が、戦いの終結時に、あるいはその前に、なくなるなどとも予想していなかった」。さながら根本的な原因を見ることなく目の前の勝利を求めて、われわれは戦争を続けてきたのである。

しかし、そうしたわれわれの歩みを振り返れば、長きにわたったわれわれの「躓き」であった奴隷制は、もはやわれわれ自身の手で廃止しなければならないだろう。「全能の神がいまそのように命じている」。「われわれはすさまじい内戦の悲嘆が、一日も早く過ぎ去ることを祈っている。しかし、神が、二五〇年にわたって奴隷として鎖に繋がれ、謂れなき労働を強いられた人々から我々が絞り出してきたあらゆる富が、この地上から完全に消去されねば戦争は終わるべきでないと命じられるのであれば、そして鎖に繋がれた人びとの肉体に食い込んだ鞭による血潮が、内戦で戦う兵士の新しい血をもってしか償いえないと命じられるのであれば、神の裁きとしてわれわれは内戦を最後まで受け止めねばならないだろう」。

リンカンはそのように説明した上で、深い懺悔と祈りの言葉で演説を締めくくった。「何人にも悪意を持たず、正義を信じ、最後までわれわれのなすべき仕事を続けよう。人々の傷をいやし、正義と共に恒久的な平和の実現のためにあらゆることを行おう」(傍点引用者)——。

この演説は本質的な点で難解であった。とくに内戦が、「奴隷制という罪に対する償いの戦い」だというのはどのような意味か、奴隷制の罪を連邦の兵士の血によって贖《あがな》うというのはいかなる理《ことわり》に拠るのか。おそらく大統領演説を直接聞いた聴衆の多くもが、リンカンの本意を正確に理解したかどうか、疑わしい。否、歴史家さえもが、奴隷制が神に対して犯した「躓き」という、短い言葉に含意されたリンカンの複雑な思索を推し量ることができず、その解釈に幅を持たせてきた。

しかし、いかなる解釈の幅を認めるとしても、リンカンがこの演説で、「アメリカ社会と政治のある根本的再生」を訴えていた、それが演説の核心だった点を見逃すべきではないだろう。最も注目すべきは、リンカンが二年前に「業火の試練」と表現した内戦を、一層明示的に、南北を問わずアメリカ全体が責任として背負う二五〇年にわたる奴隷制 American Slavery という躓きへの、「償いの戦い」と言い換えた箇所であった。

奴隷制の罪は南部だけが犯したものではない。それを取り払うことはアメリカ全体の任務でなければならない。そう捉えるのであれば、償いの戦いは、アメリカそのものの再生、蘇生に結びつかねばならない。そして蘇生の基盤となるのは、何をおいても正義であり、平等という合衆国本来の思想基盤をおいて他にない。そのように論理を組み立てたのが、リンカン演説の骨格であった。

演説でリンカンが最終的に神の前に跪《ひざまず》くべきとしていたのは、北部も含めており、南部奴隷主だけではなかった。その論理を看取しないままに、リンカンが戦後に向けての南北の和解を、躓いた者たちに対してただ寄り添うように寛大であれと呼びかけたとみる解釈は、戦後に対する彼の広い展望を曲解する点で根本的な誤りであろう。

ただ、そうした複雑な意味の再生をどのように進めるのか。なるほどリンカンは大統領として、奴隷制の長期の保持を許してきた人種主義が、合衆国社会に、そして共和党内にも深い根をもつことを知っていた。その足かせは、彼自身が経験してきた道のりでもあった。それゆえに彼は、あくまで穏やかな口調で北部に対しても懺悔を呼びかけ、奴隷制廃止の先に、人種主義を超える新しい枠組みでの合衆国としての和解の道を示そうとしたのである。それは現状への批判的視点を組み込んだ展望であった。リンカンは一週間後友人に、演説は簡単には受容されないだろうと語った。ただ、自らの思索の到達点だとする強い自負も漏らしていた(三月一五日付書簡 CW8より）。

リンカンの第二期就任演説は、間違いなく国民観という点で画期的な内容を含んだ。もとよりそこに描かれた世界観にリンカン自身がたどり着いたのも、おそらくはそれほど以前でなく、六三年半ばから六五年初めまでの二年の間であったろう。それは、彼の心中に渦巻く自国の将来に対する煩悶と、政治・社会状況の軋轢の中で、重層的に練磨された世界観の変化の一局面であった。以下ではその変化の跡を時系列的に追ってみたい。

第三節　苦悩に満ちた一八六四年

劣勢を覚悟したリンカン

一八六五年二月に撮られたリンカン五六歳の写真（次頁）は、内戦の後半期が彼にとってどれほどの重圧に満ちていたかを無言のまま語る、歴史の貴重な一次資料であろう。すさまじい変貌ぶり。先立つ一年半の間に彼の顔には、十数歳も一気に老《ふ》けたかのような、太い皺《しわ》が何本も刻み込まれていた。ただ同時に、彼の眼は自らの任務に向けての強烈な意思と、さらにはすがすがしいまでの眼光を漂わせていた。

たしかに六三年元旦、奴隷解放宣言を発した以後、夏から秋にかけての数か月は、リンカンと連邦軍にとって多大の犠牲を払いながらも、戦線での優位を確実にした内戦の転換点であった。七月のゲティスバーグでの勝利（詳細後述）に始まり、翌年初めまでに連邦軍は、ヴァジニア戦線では確実に優勢に立った。それまで繰り返されたメリーランドまでリーが進攻する動きは止まった。

一方、ミシシッピ州ヴィックスバーグを制した後、南に進路をとった連邦・西部方面軍は、六三年秋から南部の心臓部ジョージア州アトランタを目指した。深南部への要衝チャタヌーガを落としたのは六三年一一月であった。

1865 年 2 月 5 日に撮影されたリンカンの写真

リンカンはその情勢の好転を受けて、六四年三月西部軍司令官グラントをワシントンに呼び、総参謀長に据えた。代わる西部軍司令官ウィリアム・シャーマンのジョージア前進と同時に、全軍指揮官グラントが直接ヴァジニア戦線を指揮してリッチモンドを落とすという構想の下、内戦の勝利は、初夏までに達成されるという期待が高まった。

しかし、その衆望を担ったグラントのヴァジニア戦線は、六四年六月半ばまでに期待を再び大きく裏切り、リー軍の反撃によって無残なまでの犠牲を積み重ねていた。陸軍省の公式記録によれば六四年春二か月間の連邦軍の死者は八〇〇〇〇人弱、負傷者・捕虜・失踪者は五万人に及んだ。六月グラントはリッチモンド南方で、南軍と長期対峙する塹壕戦を余儀なくされた。一方、シャーマンによるジョージア戦線も熾烈を極め、アトランタに容易に近づけなかった。六四年五月に始まった戦線の再度の硬化は、連邦世論に甚大な影響を与えずにはおかなかった。

かねてより民主党支持層には、戦争の早期終結、そのための即時講和を訴える主張が続いていた。とくにリンカンによる奴隷解放宣言以来、民主党支持者の側からは、奴隷解放が戦争目的となる謂れはない、いまや南部一一州の連邦復帰のみを条件とした講和の話し合いに向かうべきだとする主張が強まっていた。彼らの中でも即時講和を求める急進グループ「カパヘッド」(一般にはピース・デモクラットと呼ばれた)は、講和に耳を貸さぬリンカン政府を傲慢となじり、連邦軍兵士に対して戦線離脱さえ呼びかける姿勢をとった。リンカンは、開戦以来、「カパヘッド」に対しては時に、被拘束者が人身の保護を裁判所に申請する「人身保護令」権利の停止を宣言し、無条件逮捕という強圧手段をとった。

しかし、六四年六月半ばグラントによるヴァジニア作戦の行き詰まりが鮮明となった時期から、リンカン政府はかつてない窮地に追い込まれた。七月一八日、彼は新たに五〇万人の志願兵募集を呼びかけたが、それに対し民主党系のニューヨーク・ワールド紙は、リンカンの呼びかけをとてつもない「悲劇の懇願のようなものだ」と唾棄した。歴史家マクファーソンは、六月以降の連邦全体に及んだ厭戦感と、リンカン政府批判の声は、民主党系に限らず、穏健共和党系の紙誌にも広がった事実を指摘する。六四年八月初め、リンカン政府関係者はフィラデルフィアを訪れた日記にこのように書いた。「昨年と今ではなんと様相が違うことか。街頭には熱気を感じさせるものが何一つない。旗さえもない。人々の顔は暗く、絶望的にさえ見える」(McPherson, 2004 より)。

ビクスビー・レター

根底に、開戦以来のとてつもない消耗があった。内戦は一八六三年初めから南北双方があらゆる犠牲を迫られる長期消耗戦となったことから、最終的に北部だけで三五万人強の死者を生む戦争となっていた。とくに六三年後半からの戦線の激烈さは尋常でなかった。三日で数千人もの兵士の軀が横たわるという、累々たる屍を生んだゲティスバーグなどの戦闘は、敗勢に向かう南部はもとより、連邦の指導者さらには世論にも深い傷を刻み込まずにおかなかった。その間、南北で動員された延べの兵力総数は約二七五万人であったが、兵士の死傷率は三五パーセントにも上ったと推定される。

世上有名となるリンカンの書簡「ビクスビー・レター」が書かれたのは、その六四年の秋であった。一〇月、リンカンに伝えられたボストンからの報告の一つに、五〇歳代後半の貧しい靴職人未亡人リディア・ビクスビーに関する情報があった。六三年以降彼女の六人の息子のうち五人が、次々に連邦軍兵士として戦死したという内容であり、マサチューセッツ知事からは、大統領の哀悼を勧める文面が添えられていた。それに対し一一月後半、リンカンの署名で送られたのが、ミセス・ビクスビー宛の短い書簡であった。

書簡を有名とした『ボストン・イヴニング・トランスクリプト』紙(一一月二六日付)は、リンカンの言葉を次のように紹介していた。「マサチューセッツ連隊からの報告書の中に、貴姉が五人の息子を戦線で失ったとする文面があることに気付いた。私には、そのような甚大な喪失に遭遇されたあなたの悲嘆を、お慰めするどのような言葉も見当たらない。ただ、ご子息たちがわが共和国の救済のために捧げられた英雄的行動に対し、心からの感謝の念をお伝えできればと思うだけである」。

リンカン書簡を単純に次のように解したい。マサチューセッツ知事から送られてきた幾つもの報告書の中に挟み込まれただけのビクスビーの件を、リンカンは、細事として見逃すこともできた。あえてペンをとった哀悼文は、内戦後半期のリンカンの心象風景、およそ業火に耐える悲痛な叫びを正確に映す内容であったに違いない。リンカンはタフではあったが、同時に細やかな人間的想像力を保持していた。

彼の視野には次のような光景や事実が含まれていた。連邦の維持は至上の命題としても、内戦がもたらす犠牲は尋常でない。彼の脳裏を離れなかったのは、日々の死者、負傷者、捕虜となった兵士、そうした従軍兵と彼らの家族への哀切の念であった。加えてリンカンは、六三年初め以降の黒人兵士が連邦軍内で置かれた著しく差別された状況、否そればかりか、黒人兵士が南軍に捕らわれた場合には、捕虜でなく、即、虐殺されている事実も知っていた。内戦とは、そうした受け止めがたい苦痛と不寛容を耐え忍んでの使命の継続であると、リンカンは自らに言い聞かせていたに違いない。六四年を通して彼の顔に刻まれた皺は、何よりその決意を雄弁に物語る傷であった。

講和の誘いとリンカンの覚悟

苦行の連続は、六四年夏には、リンカンの精神的バランスさえ揺るがした時期があったことに触れておこう。

南部連合国大統領ジェファソン・デイヴィスの意を汲むとして、英帝国カナダ在住の南部連合国エージェントが仕掛けた講和の呼びかけがリンカンの手元に届いたのは、春からのヴァジニア戦線が膠着した七月初めであった。しかもその時期には、リンカンの再選がかかる、六四年大統領選挙戦に向けての動きが活発化していた。

七月七日著名なジャーナリスト、ホレス・グリーリイが仲介した申し出は、リンカンにむけて、講和条件に何を求めるかを尋ねていた。同月二〇日リンカンは秘書官ヘイに回答を託した。

平和の回復を真に望み、また連邦の統合を支持し、そして奴隷制の廃止を約束する、南部のしかるべき責任ある人との交渉であれば、私は、その人物との話し合いを拒むものではない。

(CW7, 451より)

ところがカナダ在住の南部エージェントは、その内々の回答を連邦内の有力紙に漏洩し、七月後半から挑発的な反リンカン・キャンペーンを誘導した。曰く、リンカンは、南部連合に受け入れることのできない奴隷制の廃止という条件を押し付けることで、可能な平和への道を潰そうとしている。南部一一州はいま連邦への復帰を深甚で望んでいる。それに対して講和への道を閉ざしているのは、リンカンの強硬な奴隷制廃止の要求だけなのだ、と。間違いなくこの仕掛キャンペーンは、北部の厭戦気運を煽り、またリンカンの大統領選敗北を目指す運動であった。

六月、共和党大会(六四年、共和党は境界四州の同調者も取り込むため、ユニオン党と称して大会を開いた)は大統領候補にリンカンを再指名したが、対抗する民主党は八月まで党大会を遅らせ、最終的に奴隷制の廃止に全く触れない南部連合との即時講和を、選挙綱領の柱に据えた。しかも大統領候補に指名したのは、アンティタムの戦いを機にリンカンが解任した、民主党支持者に人気を保った元ポトマック軍総司令官マクレランであった。奴隷制問題に対する彼の立場は、ダグラスを支持した六〇年大統領選挙から変わっていなかった。

世論の動向は、七月から八月にかけてリンカン共和党にとって絶望的なほどに深刻化した。ニューヨーク・ワールド紙は、「保守的な共和党支持者にさえ、リンカンが内戦を奴隷制廃止のための卑猥な十字軍に歪曲したことへの怒りと悲嘆の声が及んでいる」と書いた。それまでリンカン政府の支持者であったニューヨーク・ヘラルド紙のグリーリイが、リンカン批判の社説を掲げたのも七月末であった。「われわれは普遍的な自由のみが連邦再統合の唯一の条件だと主張する立場をとらない。戦争は予想を超えた緊急事態を生む。わが方が言う条件だけでは平和は達成できないのだ」(McPherson, 2004 より)。彼を含めた共和党の一部はその時点で、奴隷制廃止のスローガンを降ろし、リンカンの再選を批判する立場に転じていた。

八月末が近づいた暑い夏、選挙情勢の悪化をうけてリンカンは瀬戸際に追い込まれていた。同月二三日、閣議の冒頭彼は、「このままではわが政府は選挙に敗れる公算が極めて高い。私に代わって民主党の大統領「マクレラン」が誕生した場合には、われわれはその大統領の指示に従わなければならないだろう」、という痛烈な敗北時の決意を認《したた》めた文書を封印し、閣僚に対し封書の表へのサインを求めた。

リンカンの側近ヘイは、その日の閣議を含めた前後数日のリンカンが極端に動揺していた様子を回想する。二三日閣議の前日リンカンの手元には、さらに彼の熱心な支持者であったニューヨークタイムズ紙社主ヘンリー・レイモンドからも、強い意見書が届いていた。「国民はいま何よりも平和を渇望している。しかも彼らの間には奴隷制の廃止だけがリンカンの平和条件だという、中傷にも似た飛語が溢れている」。閣下に対し、「今直ちにリッチモンドに使節を送り、ジェファソン・デイヴィスとの密かな交渉を始められる」ことを進言したい、という内容であった。

リンカンは、封書を示した二三日閣議の翌日、レイモンドに重大な返書を認めた。「デイヴィスとの間で私の意によるとして、講和の交渉を開始してほしい。その際条件として、連邦の回復と国家の権威の回復だけが保証されれば、戦争を終結させてよいというのが私の考えだと伝えてほしい」(CW7, 514-518より)。

つまり二四日に彼が認めたレイモンド宛て指示書とは、奴隷制の廃止をいったん棚上げしてでも講和を急ぎたい、という内容であった。リンカンはその時、六四年選挙戦を立て直し、戦争を一日でも早く終わらせるには奴隷制の廃止という目標を下ろさざるを得ないという、絶望的気持ちに揺れたのである。

しかし、その翌日リンカンは再び反転する。二五日、彼はレイモンド本人をホワイトハウスに呼びよせ、ジェファソン・デイヴィスとの接触は断念すると直接伝えた。閣僚の半数を同席させたその会談で、彼は決断に至った経過をこのように説明したという。「リッチモンドに使者を送る案は、大統領選挙に敗れることよりもさらに醜悪な、人の道に反する愚行となろう。使節の派遣は、大統領選挙の前に、敗北を宣言するようなものだからだ」(*N&H*9, 221より)。

八月前半から二五日にかけて戦争の犠牲がこれ以上に増えるのであれば、何らかの形での内戦の終息を迫る世論は一貫して高まっていた。その間にリンカンがみせた心の跛行は、黒人との「約束」と彼がみなした奴隷制の廃止という決意を維持するために、彼がどれほどの胆力を必要としたかを示唆する。しかし彼は、ぎりぎりの段階で変節を回避した。

さしこむ曙光

結局一八六四年リンカンは、大統領選を勝ち抜いた。夏中、選挙戦の暗い見通しに打ちひしがれていたリンカンにとって曙光となったのは、九月の初めに届いた戦況の新しい報告であった。

チャタヌーガを制して五月以降南下していたシャーマン旗下の西部軍は、四か月の時を要したが、ようやく八月後半アトランタに向けて包囲網を縮めていた。同市防衛に当たった南軍が、市内のすべての弾薬庫に火をつけて撤退を決断したのは九月二日未明であった。小説・映画

『風と共に去りぬ』のクライマックスで描かれた、アトランタの陥落である。南部連合国にとって最も重要な交通の要所であり、しかも戦時生産の中心地であったアトランタの奪取は、内戦の気運を一変させるまでの歓喜をもって迎えられた。

シャーマンは、九月九日に司令部を市内に移し、その後さらに、東海岸のサバンナまで、ジョージア州を東南に横断する激烈な戦闘を続けた。南部の富の蓄積であった各種の工場、綿花倉庫、鉄道、橋脚などをことごとく壊滅させる、ジョージアの全面的破壊の戦いであった(一二三頁の地図参照)。

シャーマンの攻撃によって破壊されたジョージア州アトランタ．1864 年 8 月末陥落直前の戦闘

リンカン政府にとってアトランタ掌握が、いかなる歓喜をもたらしたかは、リンカンを間近に見ていた秘書官ニコレーの「わが国の存続を保証した最も重要な勝利」という文章が雄弁に語る(*N&H*9, 289-290 より)。

加えてニコレーは、六四年大統領選が、アトランタの奪取によってリンカンの勝利へと一気に傾いた様子を描く。「夜明け前われわれを包んだ暗闇は漆黒であった。しかしついに光が大統領選挙を煌々と照らし始めた」(同前352より)。大統領選挙へとつらなる各州での代議員選挙は、九月から一〇月にかけて共和党の堅調を鮮明に印象づけた。九月一二日メイン州で知事と州議会の多数を共和党が確保したのに対し、リンカンは深い感謝を伝達し、息を吹き返した。

第四節 リンカンがたどり着く新しい国民像

選挙戦勝利の勢いにのって

一一月八日、リンカンは大統領戦の勝利を確定した。議会選挙でも共和党は、下院で一三七議席と二年前の選挙より四六議席も上乗せする勝利をもぎ取った。終戦への期待が高まったことに加えて、六二年に共和党議会が可決したホームステッド法、さらには大陸横断鉄道建設にかけた西部への展望が共和党支持を膨らませていた。

ただし、大統領選挙に限ると、リンカンの一般投票は二二一万八〇〇〇票と全体の五五パーセントで、マクレランとの差はわずかに四〇万票程度であった。ニューヨーク、シカゴという大都市では投票妨害を防ぐ名目で連邦軍が警備にあたるなど、一部強権を用いた選挙であり、選挙戦が厳しいものであったことに変わりはなかった。リンカンはそうした状況でも選挙ができたことを誇りに感じるといい、敗者に対して和解を示す慎ましい談話を発表したが、同時に、自らの勝利を「自由な政府と人間性の権利の勝利」と自負した。

厳しかった大統領選挙はリンカンの次期四年間への決意、政治家としての覚悟を、いっそう鋭いものに鍛え上げたに違いない。彼は、全体投票数が前回六〇年大統領選挙よりも一四万票以上も増加していることをいち早く指摘し、「方策については様々な議論があるが、連邦を維持するという一点において国民に異論はない」と語った。六四年共和党綱領は奴隷制廃止のための憲法修正を盛り込んでおり、リンカンは以後、自らが掲げる奴隷制なき新しい連邦への脱皮の構想を明確にしていった。

リンカンが戦後の合衆国社会のあり方に公式に触れたのは、六三年一一月、かのゲティスバーグ演説が最初であった。

六三年七月一日から三日にかけてペンシルヴェニア州南部のゲティスバーグ丘陵地で展開した戦闘での連邦軍の勝利は、南北戦争の帰趨を決める一転機であった。

ゲティスバーグだけで連邦軍死者は三〇〇〇人強、負傷者は一万四五〇〇人を数えた。リンカンの演説は、戦闘から四か月後の一一月一九日、北軍戦没兵士のまだ三分の一しか正式埋葬が済んでいない現地に新設された霊園でなされた。当日、リンカンは、久しぶりに公衆の前に立つべくワシントンを離れ、追悼式典の最後に登壇した。先に立ったエドワード・エヴェレット、元ハーヴァード大学学長の二時間におよんだ大演説に対し、彼のスピーチはわずか三分弱

リンカンのゲティスバーグ演説，1863 年 11 月 19 日（リトグラフ）

であった。しかし後にチャールズ・サムナーが、リンカン演説のなかでも最高傑作と評した内容であり、その後の世論また共和党の動静にも重要な影響を与えた演説であった。

登壇したリンカンは、死者への弔いは別として戦いの詳細には触れなかった。それより内戦の意味を内省的に語ることで、彼がその時点までに到達した思索の有様を示した。「すべての人間が平等」な「ネイションの構築こそが、ここに眠る死者たちからわれわれが引き継ぐべき任務だというのが、彼の語った内容のすべてであった。「平等」という言葉に彼は「黒人」の解放を含意した。実際その日彼は、「解放されたひとびと」というそれまでの曖昧な表現を使わなかった。彼が工夫したのは、「新たに生まれる自由 a new birth of freedom」というより積極的な表現であった。

新しい自由とはいかなるものか。彼はその点にも説明を付さなかったが、少なくとも自由を保証していく「ネイション nation」という言葉に託して、将来の見通しを語った。演説で五度も使われた「ネイション・国民の国家」という言葉は、それまで合衆国を表象するさいに用いられた「ユニオン Union」とははっきり違う重要な意味が付与されていた。「新しい自由の誕生の苗床となる」国家は、州が結びついた「ユニオン」ではなく、その枠を超えて「国民」の自由を保持するために全力をあげる共同体でなければならない。国を守るために歯を食いしばって奮闘しあるいは耐えている黒人のためにも。「ネイション」という表現に彼はそのようなアフリカ系アメリカ人を含めた、新来の政治共同体という意味を込めたに違いない。だからこそ、演説の結びで彼が言及した、人民を一元とみた、われわれが目指すのは「人民の、人民による、人民のための政府」だと言いきる議論の整合性が確保されていた(*CW7*, 23)。

アフリカ系アメリカ人を含めての自由な国民の集合体、それを象徴するものとしての「ネイション」という言説を繰り返したアメリカ政治指導者は、過去にサムナーらの一部を除けばいなかった。リンカンがサムナーの議論に触れ、彼に急速に近づいていたことを示す、いわば合衆国を新しい質の国民国家に再編していく決意が込められた演説であった。

六四年一一月大統領選挙に再選されたリンカンは、その新しい質の国民国家を具体化する行動を直ちに開始した。来るべき国家は、言葉だけでなく、新しい政治制度の構築、そして州の位置付けを要したからである。

憲法修正第一三条の成立を求めて

すでに六三年一二月から六四年八月までの第三八回連邦議会には、合衆国における奴隷制を根本から葬る連邦憲法の修正第一三条案が、共和党の急進派および穏健派の手で起草、上程され、大統領選挙の進行をにらみながら審議が持たれていた。上院は六四年四月にこれを、憲法改正に必要な三分の二の多数で可決したが、下院支持派（共和党八〇議席、無条件ユニオニスト党一〇議席）は、六月一五日、三分の二の賛成を確保できず可決できなかった。しかし、一一月の連邦議会選挙で共和党は、下院において一三二議席をとり、六五年三月から始まる第三九回議会で、第一三条修正を確実に通すだけの議席を獲得した。

リンカンはその情勢を受けて一日でも早く、大統領選挙直後に開催の第三八回議会最終の第三会期中（六五年三月初めまで）に、憲法修正第一三条の下院成立を目指す意向を固めた。第三会期はなお夏までと同じメンバーで、修正第一三条案への前回支持者九三票は、「三分の二」多数（一一九票）に二六票も足りなかった。一二月、リンカンは少なくとも二〇名の民主党議員の態度変更を目標とし、政治的懐柔策などあらゆる手段を駆使した。二節からなる修正第一三条はこうしてリンカンの強力な指揮のもと新議会を待つことなく、六五年一月三一日、下院で一一九票を得て成立した。

第一節 奴隷および強制の労役は、犯罪に対する刑罰として適法に宣言された場合を除いて、合衆国内あるいはその管轄に属するいずれの地においても、あってはならない。

第二節 連邦議会は適当な法律の制定によって本条の規定を施行する権能を有する。

議会による第一三条案の可決をハーパーズ・ウィークリー誌は次のように評した。

これまで連邦軍を指揮したマクレランやハレック将軍［Henry Halleck 六四年まで陸軍総司令官］たちさえ、われわれの戦いは徹頭徹尾ユニオンを守るための戦いだと言い張ってきた。……ユニオンと奴隷制は両立しない、わが国はいずれかを選ばねばならないという対極の主張は、決して国民の多数が支持した確信ではなかった。しかし、内戦の五年目にあたったいまわが国民は、従来少数派であった人々が主張してきた、わがユニオンにおいて奴隷制が存在していたことが、内戦の根本的原因であったのだという確信を共有するに至ったのである。

（同誌一八六五年二月一八日）

ハーパーズ誌は、修正第一三条の連邦議会可決が、スチュアート王朝を倒したイギリス革命議会の決定にも比肩できる転換であったと評した。同条は六五年一二月一八日、州の批准をうけて成立した。

州権論という難題

新しい政治体制に向けての次の難題は、内戦さえ引き起こす力を持った戦前の州権論をいかに制約するかという問題であった。州が、国家の本性たる規制・治安警察権(police power)のあらかたを持つと捉え、連邦離脱の権限さえ主張してきた州権論に対して、国民国家を目指すためには、連邦は各州内の行政に相応の介入権を持つとする新しい連邦権限の明示化が必要であった。

六四年末から六五年にかけて浮上した当面の問題は、広くは南部連合国を形成した一一州が連邦に戻るにあたって、州内統治の何を改めるかであった。すでに州奴隷制の廃止を決定したうえでは、奴隷制廃止後の社会のあり方に対しても連邦政府の介入が相当程度に認められるだろうというのが一般的理解であったが、リンカンも六五年初めからはっきりその視野のもとに新たな計画を練った。

なかでも社会政策としてリンカン政府が当初最も重視したのは、解放民局の設置であった(正式名称 Bureau of Refugees, Freedmen, and Abandoned Lands)。内戦の終結をうけ、奴隷制の軛《くびき》を取り払った南部にどのような社会状況が生じるのか。六五年初めでは多くが予想の段階であったが、甚大な混乱が起こることを多くの識者は想像した。極端な場合には、解放された奴隷が飢餓に苦しんだり、あるいは彼らとプランター勢力との間に武力による衝突もあり得ると、リンカン政府、そして連邦軍は危惧した。実際、ルイジアナでは一八七三年、一〇〇人以上もの黒人が白人武装勢力に虐殺されるという、クルックシャンク事件などが起こった。飢餓や衝突の不安のなか六五年三月、連邦軍の占領地ごとに開設された解放民局は、秩序の維持と南部諸州の社会変容をめざすという、リンカン政府による州政治介入政策の有力な一環と構想されたものであった。

戦時下の軍政の延長として、避難民化した解放黒人に対して収容施設を設営し、彼らへの食糧・医療さらには住居の供給に手配りし、また各所の避難所では、僅かであっても解放黒人に対する「教育」を施す活動が深南部に至るまで着手された。一方、解放民局は連邦軍によって没収されたり、戦闘後放棄されたままのプランテーションの管理を引き受け、さらに解放黒人がキャンプ周辺で雇用契約を結ぶ際に契約の仲介を行うなどの業務までも一時期所管した。それらのどれもが従来の州警察権を超える行為で、離脱一一州の既成政治社会権力と激しい摩擦を引き起こしたことが知られる。

だが結果からみれば六五年三月以降の解放民局の活動は、南部諸州権力がみせた反発にあい、まもなくリンカン暗殺によって登場したアンドリュー・ジョンソン政府は、南部の意向を汲むとして同局の予算をはやばやと縮小した。その削減のため、内戦後三年半ほど存続したとはいえ解放民局の評価は、決して高くない。とくに没収したプランテーションを旧所有者に返還するとしたジョンソンの決定は重大であった(後述)。歴史としての解放民局は、南部社会に対するリンカンの改革意欲を当初示すものであったが、実際のところリンカンがその機関を長期的にどのように運営するつもりであったかは、彼の死によって暗闇に葬られたという他ない。

しかし、その顚末を織り込んでも、彼がその間に示した戦後南部の政治体制に対する姿勢からは、南部諸州のあり方に相当程度の政治社会変革を構想したことを窺わせる若干の点があった。その最大のものが、戦後政治体制の要とみられた、黒人参政権問題への提言であった。

黒人参政権という問題

黒人アボリショニスト、フレデリック・ダグラスは、憲法修正第一三条の議会可決を控え政治的熱量が増した六五年一月、奴隷制廃止後の社会のあり方について、さらに痛烈な課題を提示した。黒人は単なる市民というだけでなく、完全なアメリカ市民としての権利を認められねばならない。「合衆国は普選によって政府を組織する人民主権の国家である。その下でわれわれだけがその政治的権利から外されれば、黒人は過去の主人に繋がれた奴隷でなくとも、社会の奴隷となるだろう」(“What the Black Man Wants,” Jan. 26, 1865より)。リンカンはこの黒人アボリショニストの多年の主張に耳を傾けた、最初の合衆国大統領であった。

一八六四年の春、連邦軍はニューオーリンズからルイジアナ南部を制圧し、新状況を受けて同州で連邦に忠誠を示した住民は、連邦への復帰を求める最初の州であろうとした。占領軍の監視のもと州内南部の一九行政区を基盤に、新しいルイジアナ州政府の組織と州憲法の制定がリンカンの承認も受けて進められた。三月、戦前のままの選挙法を踏襲し選出された新政府、マイケル・ハーン政権は、白人の政権として黒人参政権に見向きもせず生まれた。その後四月からの新憲法大会は奴隷制の廃止を盛り込む条項を採択したが、黒人選挙権を拒絶する態度に変わりはなかった。

アフリカ系アメリカ人の参政権問題が南部改革の新しい政治的争点に浮上したのは、そのハーン・ルイジアナ新政権および州議会が、六四年七月連邦議会に復帰の承認を求めたことをきっかけとした。議会内の共和党急進派は、戦後の南部州再建に向けた試金石として、黒人参政権を摘出し問題とした。しかしその時点では、共和党の圧倒的多数を占める穏健派は、黒人の選挙権にとくに関心を示さなかった。それより、ルイジアナのなお四分の一の行政区しか参加しない新州政府の設立過程に疑義を挟み、ルイジアナから出された連邦復帰の申請を棚上げした。こうして二重の意味で難航したルイジアナ新政府の承認問題は、未決のまま内戦終了後に引き継がれた。

六五年春、黒人参政権問題を看過できない争点として取り上げたのは他ならぬリンカンであった。四月一一日、内戦が終息した五日後、リンカンはホワイトハウス前に集まった聴衆に呼びかけるように、内戦終了の歓喜が渦巻くなか短い演説を行った。この後南部各州の連邦復帰をいかに実りある形で図るかが、連邦政府の最大の課題である。わが政府は、近々そうした南部再建の問題に対し、各州の事情を慎重に考慮しながら大まかな方針を示すであろうと予告し、その文脈で、彼は一年棚上げとなっていた六四年ルイジアナ州政府の問題に言及した。その内容はリンカン暗殺前の「最期の演説」と称されるものである。

「黒人に有効な選挙権が与えられていない状況がルイジアナ州政府への批判として強く主張されていることを」私は承知している。「私自身の立場でいえば、教育のあるものおよび連邦軍に参加したものには選挙権が与えられてよいと考える。ただ、ルイジアナ憲法はすでに州政府に対し有効な黒人参政権の問題を検討課題とするよう提案し、立法の権限も与えている。……そのような立場の新政府を拒絶することは」よい結果を生まないだろう。「それよりも新政府を承認し、支持することで、……つまりそれを育て、育成することで」われわれは「黒人に対しても、より良い結果をもたらしうるのではないか」(CW8, 399-405より。傍点引用者)——。

実はリンカンは、一年前、ルイジアナ新憲法作成のおりに知事ハーンに内密の書簡を送り、ルイジアナ州憲法の改革に取り組み、「教育のある黒人ならびに連邦軍に参加した兵士」に限定して黒人選挙権を認めるよう実際に要望していた(六四年三月一三日ハーン宛書簡 *CW*7, 243より)。その書簡は、アメリカ大統領が、一部にせよアフリカ系アメリカ人への参政権を承認し、その実現に向けて動いた最初の行動であった。ただ六四年ルイジアナ憲法は、リンカンの圧力を受けながらも、州議会が将来黒人参政権を検討するという一文を入れただけで成立し、その後一年が経過していた。

四月一一日のリンカンの演説は、一年前にルイジアナ議会に示した働きかけの検討を急ぐよう、重ねて、しかも公の場で求めたものであった。

しかし歴史はこれ直後に、リンカンの暗殺死によって大きく暗転する。ルイジアナ州政府は全く動かず、アフリカ系アメリカ人の参政権問題は、以後、共和党内穏健派と急進派を分かつ重大な争点となり、六七年まで深刻な議論を引き起こしていった。のちに巻き起こった論争から見れば、リンカンの参政権問題に果たした役割は、限定的だったとしか言いようがない。しかし、その限られた役割でも歴史的にみて最も重要なのは、彼が大統領として、アフリカ系アメリカ人の選挙権問題を初めて明確な政治課題に取り上げたこと、そしてそれが論点となる道を積極的に拓いた点であった。

リンカンが黒人参政権を、白人参政権と同質とし、最終的には人種を超えた完全な普選を展望していたか否かについては、判断しうる直接の資料は一切ない。かりに普選を展望したとしても、そこまでの道のりには時間を要すると彼がみていたことは間違いない。しかし六五年のリンカンは四月までの言説を通して、サムナーらが展開する、合衆国市民に完全な普選を説く政治的立場に向けて、緩やかでもはっきり接近していた、そのこともまた確実であった。実際リンカンの手元にはその趣旨の急進派からの手紙が保管され、彼の関心の高さを示していたからである(CW8, 405より)。

政治家としてのリンカンはここでも、時間をかけてであったが、革新的な国民的普選という方向に徐々に近づく意思を持ち、共和党を主導しようとしていたようにみえる。この点には、内戦後の政治過程を論じる次章で今一度触れる。

第5章

新しい共和国の光と影

死の床のリンカン，1865年4月14日夜半．翌15日午前7時22分，逝去．ベッドの横に寄り添っているのは夫人メアリー．右から3人目が，急を知り駆け付けた上院議員サムナー．その他陸軍長官スタントンら

リンカン死後となる1865年4月以降の主要事件年表

1865	4.15	副大統領アンドリュー・ジョンソン，大統領に就任
	4.19	リンカンの葬儀，首都ワシントンにおいて行われる
	5.5	リンカンの遺体，スプリングフィールドに埋葬される
	12.18	憲法修正第13条を批准，成立(連邦議会での可決は65年1月)
67	3.11	連邦議会，南部再建を目指す再建法を可決．再度の軍事占領以後，南部11州では黒人投票を背景に再建政府が成立
	6.16	連邦議会，憲法修正第14条を可決(68年7月批准，成立)
68	3.4	連邦下院が提示した，大統領ジョンソンの弾劾裁判始まる(5月否決で終わる)
	11.3	大統領選挙でグラント勝利(69年3月，大統領に就任)
69	2.27	連邦議会，憲法修正第15条を可決(70年3月批准，成立)
		一方，この間の南部ではク・クラックス・クランが跋扈する
77	3.2	共和党政府，南部の軍事占領を終了
		68年以来の再建政府がすべて消え，戦後，南部再建の終了とされる

第一節　歓喜と暗黒が交錯した日

内戦の終結

一八六五年の春、内戦に決着をつける最後の戦いが始まった。前年の六月以来、リッチモンドを窺っていたグラント率いる北軍の主力一〇万余が、ピーターズバーグそしてリッチモンドの奪取を目指し包囲網を縮めた。決戦には、ジョージア全域を席巻した後、北上しつつあったシャーマンも加わり、まさに連邦軍の総攻撃であった。

一週間の攻防戦の末、四月一日、ピーターズバーグ、四日にリッチモンドが落ちた。一〇〇〇人ほどの手勢を率いてリッチモンドを退去した南軍総司令官リーは「もはや私にはやれることがなにもない」と言い残し、九日、リッチモンド西方アポマトックスにおいて降伏文書に調印した。逃亡した南部連合国大統領ジェファソン・デイヴィスも五月一〇日に捕獲され、内戦は終了していった。

リンカンは、第二期大統領就任式を終えた三月後半、首都ワシントンをたちヴァジニア、グラント軍の本営にまで出向いていた。そして四月四日、ジェームズ川を渡河して瓦礫の山とな

1865 年 4 月 4 日に陥落し，瓦礫と化した南部連合国首都リッチモンド

ったリッチモンドに入り、南部連合国大統領府の残存者に対し降伏勧告文書を直接手渡した。戦争の全面的停止、連邦の回復そして奴隷制の廃止を条件とした文書であった。市内では、多くの黒人兵が歓呼をもって彼を迎えた。

　内戦の最後の光景を目に焼き付けたリンカンはヴァジニアを離れ、二週間ぶりにホワイトハウスに帰還する。一息ついた九日にリー降伏の報が届いたが、彼の暗殺は、その僅か五日後の四月一四日であった。

　リンカンは第二期大統領就任式演説を、「何人にも悪意を持たず」、「人々の傷をいやし、正義と共に恒久的な平和の実現のためにあらゆることを行おう」と結んでいた。しかし内戦に引き裂かれ、南北あわせて六〇万人もの死者、またそれに匹敵する負傷者を出した四年間の傷痕は、簡単にいやすことはできなかった。長期的にみても以後のアメリカ社会には、戦争の爪痕をなめるかのような地域主義が残存し、合理的議論を頑なに拒む反知性主義までが一部こびり付いていく。とくに敗戦した南部はそうであった。

行き場のない怨念

リンカンを拉致あるいは暗殺しようとする計画は、内戦の後半、南部連合国の諜報部が北部内に潜んだ工作員を通してたえず目論んだ、幾つもの陰謀策の一つであった。ニューヨーク市への水源に毒を流すなどといった社会的混乱の誘発を狙う企てまでが練られた。リンカン拉致を目指す初期の計画は、彼をリッチモンドに連れ去り、大量の南軍捕虜との交換を目論む思惑であったとされる(Kross より)。

工作員は、一般的には散りぢりに北部に住む市井の「南部同調者」であり、工作員相互の間に緊密なネットワークがあった訳ではなかった。そうした「同調者」グループの一つとして六四年頃から活動したのが、最終的にリンカンを暗殺した、シェイクスピア劇などを演じるメリーランド在住の著名な劇場俳優ジョン・ブースであった。ただ、ブースらに関しては、単に南部同調者というだけでは済まない、メリーランド人であったことが重大な意味を持ったことに触れておかねばならない。

建国一三州の一つとしてメリーランドが南北戦争の勃発以来味わってきた変革は尋常でなかった。植民地期からの最も古い奴隷制を持ちながら、ワシントンDCの北に位置したことで連邦に残らざるをえなかったメリーランドは、内戦下、奴隷制問題の進展と共に州政治の激動に晒され続けた。実際黒人奴隷八万七〇〇〇人強は州人口の一二・六パーセントを占め(一八六〇年)、深南部に新規奴隷を販売・輸送する奴隷飼育システムまで持ち、しかも自由黒人八万三〇〇〇人を加え、黒人が州人口の二五パーセントを占めたメリーランドの人種関係は複雑であった。この州の明瞭な南部同調者は早い時期に人身保護令の停止などで連邦政府によって監視されたが、それでも奴隷制を死守しようとする強烈な意思、さらには人種差別意識に貫かれていた。

リーの南軍が、しばしばメリーランドに進攻し奴隷主を結集しようとしたのも、それ故であったが、逆に、連邦側がメリーランドの死守を目指して州内政治にかけた圧力は内戦の進行と共に激化した。

六三年の秋、ゲティスバーグの戦いにおける連邦軍の勝利を受けて、反奴隷制を掲げるメリーランドのユニオン派は州知事、議会を制し、ついに最も急進的な奴隷制「即時無償廃止」に向けての州憲法改正を日程に入れた。六四年一〇月、新しい州憲法案に対する州民投票日の三日前、リンカンはあえて新メリーランド憲法に対する彼の期待を次のように公表した。

新州憲法案に対する私の願いは内密にする必要のない完全に明快な事実である。……わが国を内戦に陥れた唯一の問題は、奴隷制の廃止を決意できるか否かにあったのであり、私はすべての人々がそのことを理解してくれることを願う。善良なメリーランド州民が奴隷制の廃止を州民投票で決定してくれることを念じている。

（ヘンリー・ホフマン宛書簡 CW8, 41より）

一〇月一三日、州民投票は、リンカンの呼びかけの通り奴隷制の「即時無償廃止」を盛り込むメリーランド新憲法を採択した。連邦に残りながら奴隷制を墨守した境界四州のうちの最大の一角が崩れ、六四年一一月大統領選挙の帰趨をも確定した画期的出来事であった。即時奴隷解放として、八万七〇〇〇人強の奴隷が、すべて無償で解放されたのである。

しかし、その激変は、メリーランド内の南部同調派を暴力的とする代償と引き換えだった。州内の引き裂かれた状況を露出するように、一〇月一三日の投票結果は、賛成三万票に対し、反対も二万八〇〇〇票であった。奴隷制維持を目指した勢力の不満は、行き場のない怨念として淀んだ。当初リンカンの拉致を狙ったブースたちが、政府閣僚の暗殺に目標を変えたのは、六五年四月、内戦の決着がついた前後とされる。ブースは四月一一日、リンカンが黒人参政権に触れた「最期の演説」を現場で聞いた聴衆の一人であった。黒人参政権が彼の最終的決断を後押ししたのかもしれない。一四日、襲撃は、リンカンの他、国務長官ウィリアム・スワードらを含む数名を標的とした。逃走幇助などで、事件にはかなりの数の同調者が加わったと思われる。

一四日夜半、ホワイトハウスから東に一キロ程度のフォード劇場の裏木戸からまんまと劇場に侵入した俳優ブースは、目指す二階のボックス席に忍び入ると背後から、妻メアリーと観劇中であったリンカンの後頭部を狙撃した。直ちに舞台に飛び降り劇場を抜け出したブースは、途中同調者であった医師に負傷の介抱を受けるなどした二週間後、追手の連邦軍に包囲され射殺された。その間ブースの肉声として記録されているのは、銃撃直後に彼がラテン語で叫んだ「専制者にはしかるべき死を」であった。同日夜半スワードも別の刺客によって重傷を負ったが、後に回復した。

第二節　リンカンの死を越えて

希望から絶望へ

リンカンは直ちに劇場向かいの家屋に運ばれ介抱を受けたが、すでに搬送時から後頭部の出血によって意識はなく、翌一五日の早朝、帰らぬ人となった。リンカンの死は彼の支持者、批判者を問わず全国に巨大な衝撃を及ぼさざるを得なかった。先立つ数日のリンカンの動静を、彼の身近にいた秘書二人の記述を通して辿ってみたい。

リーの降伏が伝えられた四月九日からの五日間、リンカンは内戦の緊張から解放され、閣議のあった一四日は生気を取り戻していたという。その日、彼は、ヴァジニア戦線でグラントの幕営にいた長男ロバートのワシントン帰還を知り、彼を抱擁して大きな喜びを表した。午後には夫人と馬車で市内をドライブし、困難な四年間を振り返ったり、またこれからの四年は平穏であろう、大統領退職後はイリノイに戻りたいものだと語るなど、饒舌であった。

閣議では南部諸州の連邦への復帰をどのように進めるかの再建の問題が、初めて本格的に討議された。軍政の区分けなどが論議され、子細は決められなかったが、閣議を結ぶに際しリンカンは、今後われわれが注力すべき最大のテーマは南部の再建問題だと語り、直近の課題に対する高ぶる意欲を示していた。

ちなみにその一四日は、内戦終了を祝う祝日であった。晩に組まれた夫人との観劇は、そんなつかの間の休息のはずであった。各地で花火が打ち上げられ、夕食会が催され、開戦のきっかけとなったサウスカロライナ州サムター要塞では、正午、四年前に引きずり下ろされた星条旗が高々と再掲揚されるなどの行事がにぎにぎしく行われた。

ニコレーとヘイは夜半に起こったブースの凶行を、午後の喜びに弾んだ雰囲気と対照させて締めくくっている。「長期にわたる反乱への連邦の勝利が手中につかめたと信じたその瞬間に、これまでにない悍《おぞま》しい陰謀が吹き出し、憎悪と突然の絶望に襲われた」と。

死の影響

リンカンは大統領任期をなお四年、完全に残したまま逝った。年齢もまだ五六歳であり、合衆国社会が失ったものは明らかに甚大であった。指導者として周囲に人の輪を自然に生み出すような彼の率直さ、ユーモア、経験ばかりではなかった。なにより、時代を見通すことで内戦の意味を、歴史的にまた内省的に考える深い想像力を備えた人物の喪失は、代えがたかった。さらにいえば、いったん争点を明確にすべきと判断したとき、彼が見せる政治的行動力は、余人が補いえなかった。

長期の内戦を収拾すべき時に、突如リンカンを失った合衆国の政治と社会が、六五年半ばから六八年にかけて、副大統領から大統領に昇格したジョンソンと共和党議会とが激しく対立し、ついには議会による大統領の弾劾裁判にまで混乱を極めた過程はよく知られる(六八年ジョンソン大統領弾劾裁判事件)。もともとジョンソンは共和党ではなく、民主党政治家として四年前テネシーの連邦離脱に反対し、ワシントンに残ったいわゆるユニオン党であった。六四年の大統領選挙で共和党は苦戦を予想し、ユニオン党支持の受け皿としてジョンソンを副大統領に指名していたことが、こうした事態を招いた。

さらに連邦議会共和党内においても、穏健派から急進派へと党派化が進んでいった事情は、リンカンという引率者を失った四月一四日の事件を抜きにしては語りえない。リンカンの遺志がさまざまに語られていった経緯は、その延長にあった。リンカン死後の南部再建が最終的に逢着した人種差別隔離政策の過程については別の機会に論じた（拙著『奴隷制廃止のアメリカ史』第七章）ことから後に簡単に触れるのみとし、リンカンがいかに埋葬され、そして合衆国の法制度の骨格が奴隷制の廃止によってどのように変更されたかの見通しを、事実に即して記しておきたい。

殉国の大統領と伝説化への旅

リンカンの遺体は、一五日ホワイトハウスにもどり、多くの人々の弔問を受けた後、一九日、ワシントン市内で葬儀が催された。しかし近親者、とくに妻メアリーの希望で遺体は、二七〇〇キロ離れたイリノイ州スプリングフィールドに鉄路で運ばれ埋葬される手順となった。二週間を超えた鉄道の旅は、殉国した大統領の視覚化の旅として悲しみと共に、連邦の勝利を誇示する一大セレモニーとなり、人々の意識に、伝説としてのリンカンを長く刻み込んでいった。

四月二一日、特別葬送列車は、四年前リンカンがイリノイから首都に至った鉄路を折り返すように、中西部に向かった。リンカンの遺体はフィラデルフィアでは独立記念館に一時安置され、貧者を含めた多くの弔問を受けた。その後ニューヨーク市でも同様の弔問者を迎えた後、さらにハドソン川沿いに北上し、経由する一〇〇を超える都市で礼砲が鳴り響くなか、オルバニーから西、イリノイへと至った。ニューヨーク州の旧都ポキプシーなど、ハドソン川沿いの各都市には今なお、リンカン列車の通過日時と礼砲の記録が、駅舎の一角に銘記されている。

半月後の五月四日、逝去から一九日後、ニューヨークタイムズ随行記者はリンカンが晴天のもと、多くの友人と周辺諸州からの訪問者が見守るなか、スプリングフィールドの故地に無事埋葬されたことを全国に伝えた(NYT, May 5, 1865)。彼の銅像は、その後各地で作られたが、首都に作られた最大のリンカン記念堂については後に記そう。

リンカンの死の床に寄り添ったチャールズ・サムナーは、六五年六月一日、死者が座右とした独立宣言書の言葉を引いてボストンでの大規模な哀悼集会の弔辞を締めくくった。われわれはリンカンが常に語った「すべての人が平等であり、人びとは生命、自由、幸福追求の営みという不可譲の権利を持つ」という言説を受け継ごう。より民主的な合衆国社会の建設、それがこれからのわれわれの目標でなければならない、と(WCS12, 235-296 より)。

しかしすでにその時、対極では、四月一五日大統領に就任したジョンソンが、終戦にあたってリンカンは反乱諸州に対し何人も恨むことなく平和を目指そうと語った、南部への寛大なる処理がリンカンの意思であったと強弁し始めていた。五月から六月にかけて彼は大統領の専権として、反乱罪によって拘束された多くの中級南部指導者に恩赦を与え、さらに連邦軍が接収し、解放民局が管理していたプランテーションを旧所有者に返還する重要な政策を開始した。新大統領が始めた、反乱南部社会への不干渉を基本におく政策が、南北戦争後一九世紀末までに、巨大な黒人差別隔離制度が合衆国南部に定着していく出発点となったが、一方で短期的には、ジョンソンの政策と、共和党が模索した新たな南部再建政策との闘いは、熾烈な権力闘争へと発展した。

そして、一八六〇年代後半の闘争過程で生み出された二つの憲法修正条項、修正第一四条と第一五条の成立が、内戦下の奴隷制廃止で始まった体制変革の到達点であった。合衆国第二次憲法体制への転換である。

第三節　発足する新憲法体制

国民の創造

修正第一四条は、第一三条に続くものとして内戦終了から一年後の一八六六年四月、連邦議会が、戦後の合衆国社会の骨格を定めた市民権法を基盤に、同年六月に採択・提起したものであった。二年後の六八年七月に批准成立した。今日にも至る新合衆国政体の骨格となる同条第一節は、以後世界でも繰り返し熟読され、法のもとの平等を説く日本国憲法第一四条の淵源ともなった条文である。

合衆国において出生し、または帰化し、その管理権に服するすべての人は、合衆国市民であり、また居住する州の市民である。いかなる州も合衆国市民の特権あるいは免除を損なう法律を制定し、あるいは施行することは出来ない。またいかなる州も正当な手続きによらないで、何人からも生命、自由あるいは財産を奪ってはならない。さらにその管轄内にある何人に対しても、法の平等なる保護を拒んではならない。（傍点引用者）

合衆国において「国民 citizens of the United States」が、「州市民」の集合体でなく、さらには対外関係で主に使われた国際法上の表現でなく、個々人の市民権に裏打ちされた実体的存在として連邦法に明記されたのは、じつにこの憲法修正第一四条によってであった。合衆国に生まれた黒人、すなわち解放奴隷はこれによって単に解放されたというだけでなく、合衆国市民としての平等の市民権、法の平等保護を保障された。それは歴史的にみても、伝統的な「州市民権」から切り離された独立の主権者としての「合衆国市民」、新たな包摂的国民という概念の創造に他ならなかった。リンカンが目指す奴隷制廃止後の新国家を具現する、最大の一歩に他ならない。

修正第一四条を議会で提案したのは、上院ではリンカンの朋友であったライマン・トランブル、そして下院においても、リンカンと共にイリノイ共和党を創立したイライヒュ・ウォシュバンと彼の仲間たちであった。

トランブルとウォシュバンは、リンカンが回合したイリノイ共和党集団であり、内戦を戦う上でリンカンを支えた核心的グループであった。トランブルが修正第一四条を上院で起草する一方、黒人問題に対しては明確に人種的であったのに対し、ウォシュバンはサムナーに近い急進派であったと、内々ではそれなりの相違があったが、いずれにせよ一四条修正がリンカン思想の根幹の昇華であったことは、重ねて言うまでもない。ちなみにリンカンの跡を継いだジョンソンと共和党議会との対立は、ジョンソンがこの憲法修正第一四条を認めなかったことで頂点に達した。

憲法修正第一五条

黒人参政権問題についての最終決着は、修正第一四条をさらに強化するものとして、六七年三月に共和党議会が成立させた再建法を基盤に、六九年二月に採択した憲法修正第一五条によって落着した。七〇年三月に、必要とされる州批准を受け、正式に成立した。

第一節　合衆国市民の投票権は、人種、体色、あるいは過去における隷従の状態を理由として、合衆国あるいは各州によって拒絶されたり、あるいは制限されてはならない。

（傍点引用者）

リンカンは、前述のとおり死の直前、一部の黒人には選挙権が与えられるべきという立場を表明し、黒人参政権問題に対し一歩先んじた立場をとった。しかし修正第一五条のごとく「人種、体色」の別ない選挙権という立場にまで言及した訳ではなかった。第一五条提案に至る道程を直接切り拓いたのは、内戦後の南部のいっそうの混乱、およびジョンソン大統領再建と議会共和党再建との格闘が生み出した論争を背後に、内戦末期からこの問題に一貫して強い立場をとったサムナー、下院のウォシュバンらを含む共和党急進派の改革構想に拠った。

しかし、修正第一五条の成立基盤をなしたのが、リンカンの牽引した、内戦の意味を、改めて合衆国の歴史的文脈において見直し、戦後に向けて合衆国の民主的再生を目指した政治的想像力にあったことは疑う余地がない。実際この問題の政治化にむけて端緒を開いたのはリンカンであり、下院で法案の成立に尽力したのはやはりウォシュバンらであった。修正第一五条までがリンカン、また彼の政権の遺産であったと見据えるのが歴史的には最も正当な立場であろう。

反動と退行

憲法修正第一四条および第一五条は、合衆国における国民の意味をまさに一変させた点で、合衆国政体の完全に新たな展開を指示する最高法であった。

しかし、その後の合衆国の政治過程では、修正第一五条の成立した七〇年春までには、内戦期から始まった合衆国新政治体制構築に向けてのエネルギーは、すでに燃え尽き始めていた。その時政権にあったのは、リンカンが連邦軍のトップに登用したグラントであったが、彼ははやくも第一五条の成立をもって、内戦後の再建改革は完了したと語って戦後共和党を誘導し始めていた。

修正第一五条は「投票権は、人種、体色、あるいは過去における隷従の状態を理由として」拒絶されてはならないとした。しかしその文言は、たとえば財産によって拒絶された場合に歯止めの規定を持たない。明快な普遍的参政権規定が必要だという議論がすでに共和党急進派によって強調されたが、それらの声はもはや力がなかった。一八九〇年、危惧された、財産を基準にしての選挙権の剝奪がミシシッピ州を嚆矢《こうし》として、他の南部一〇州に法として広がっていった。手続き上の経費を名目として選挙権登録者に人頭税の納付を求める、いわゆる投票人頭税(poll tax)の導入であった。貧しい黒人はそれによって根こそぎ選挙権を奪われていった。

それどころか、さらに基本的である、憲法修正第一四条がいう平等の「合衆国市民」の権利にも、まもなく腐蝕が迫った。奴隷制を廃した南部一一州、はては内戦時連邦にあった境界諸州で、六五年の末以降、労働力確保のために「浮浪者法」さらに「囚人貸出制度」という名称の州法が広く採用され始めていた。契約を結びながら逃げたもの、日常的に酒を飲むもの、あるいはぶらつく「浮浪者」は、郡の矯正施設に送られ、そのうえでプランテーション等に貸し出されてよいという規定の、事実上黒人労働力確保のための強制労働法が、「浮浪者法」であった。さらに「囚人貸出制度」はより直截に、犯罪で刑事罰に服するものには一定期間強制労働を科し、彼らもプランテーションへの貸し出しを認めるとした制度であった。

秩序また治安維持という名目で導入されたこれらの法は、すべて州規制・警察権の範囲内の州権と強弁され、徐々に連邦憲法修正第一四条が目指す自由保護の及ばない領域化していった。やがて一九世紀の最後の四半世紀に広がった、黒人をあらゆる社会領域で隔離し人種的に差別するジム・クロウ法規は、そうした保守化していく戦後南部州法制度の拡大のもとで現れた。鉄道利用、宿泊・飲食施設、教育組織、はては公園の利用でさえ黒人は、隔離され、白人用施設への立ち入りを禁止された。かのメリーランドにおいても、同種制度の構築が、黒人参政権の剝奪と共に南部一一州と同じ速度でみられたことは、戦後の反動の激しさを示すものとして印象的であろう。

これらを受けて一八九六年、合衆国最高裁は人種隔離差別を「分離すれども平等」という新判例、プレッシー対ファーガソン判決で承認した。一九世紀後半にみられた急速な工業化はアメリカ社会の経済的、社会的格差を大幅に拡大しており、共和党の性格も工業社会の差異を保守的に容認し、守護する方向に大きく変質していた。広く言えば合衆国全体の保守化が南部に広がるアフリカ系アメリカ人差別隔離制度を容認したのである。

内戦を戦ったリンカンは、奴隷制の廃止を確定することによって、近代にむけてアメリカに社会的転換を促すうえで決定的役割を果たした。しかし、その後の三〇年を一単位として考えれば、奴隷制廃止後に向けて内戦下に彼が重ねた思索や期待の多くは報われなかった。一九世紀末アメリカの近代は、明確に差別的な人種関係という大きな矛盾を背負って、軌道に乗ったのである。

終　章

伝説化するリンカンと現代

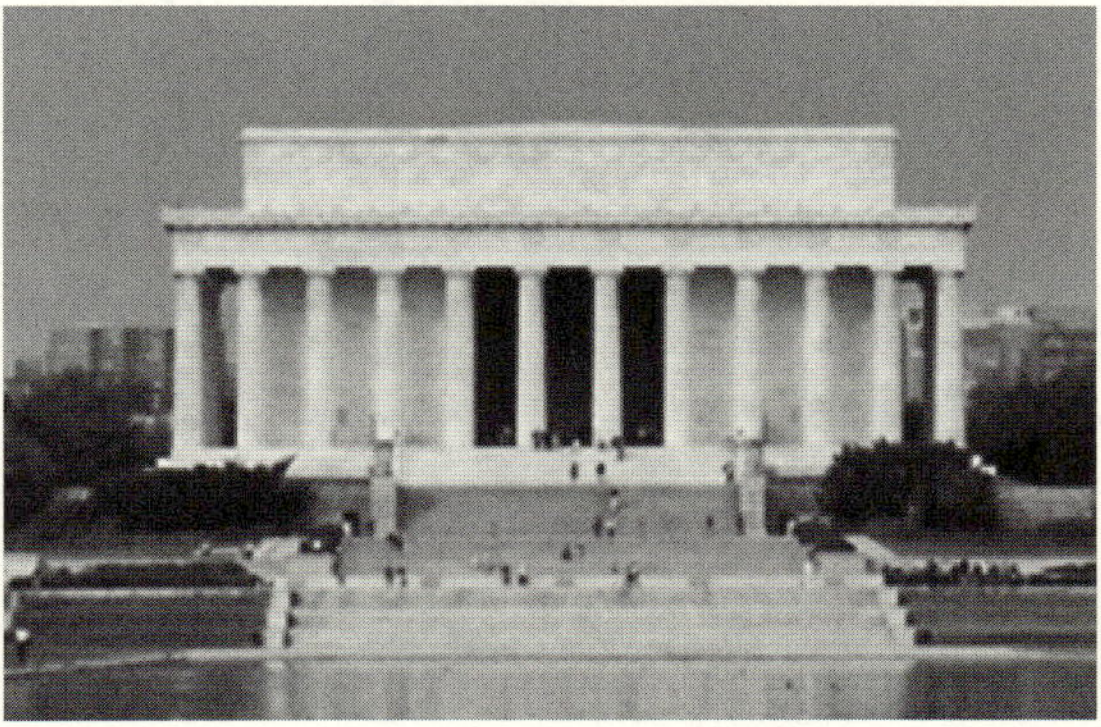

首都ワシントン DC に屹立するリンカン記念堂．手前セントラル・モール広場を挟んで連邦議事堂と正対する

第一節　創られる神話と国民意識

コンコードの賢者が描いたリンカン像

リンカンの足跡と思索を辿るわれわれの旅は、前章をもって終わった。しかし、近代国家の公人だった彼の死は、彼に、死後もアメリカの統合のシンボルという役割を付与した。リンカンを記憶し、あるいは想起することを通して近現代アメリカ社会は、彼に様々な政治的、あるいは社会的役割を付与してきたのである。それはもはや生のリンカンではない。近現代アメリカ社会・政治のあり方を示す神話の創造に他ならない。しかし、それもまた総体としてのリンカンを歴史に位置付ける、貴重な物語であろう。複雑で多様であった語りと時代との関わりを、われわれの旅の最後として辿ってみたい。

リンカンの伝説化は、諸々の人々が抱く願望を、慈父とするリンカンに重ねて語るという類の神話化を、早い時期から引き起こしていた。

庶民レベルでの神話化はリンカンの自由労働イデオロギーの言説を切り取ることで、自らのアメリカへの夢を紡ぐ素朴な性格を当初持った。最も普遍的ヒントとなったのが、六〇年の大統領選挙時から広く流布した中西部フロンティア出身の貧しい人物が、大統領にまで駆け上がるという成功物語であった。

リンカンはその選挙戦前後を通して、「貧しく、勤勉で誠実な人間が努力し、より高いものを得ていく進歩、つまり人々が自らの力で働き、他者を雇うまでになる前進こそが、人間が本来求める進歩であり、わが国制度によって保証されるべき状況」なのだと繰り返し語った。

それはさしずめ、独立した慎ましやかな労働者家族、農民、小事業家の自力独行、いわゆるセルフ・メイド・マンが充満する世界であった。独立と、幾分かの蓄えの夢が実現する普通の人の世界こそが、アメリカの追求する理想だとするアメリカ統合論は、まさにリンカンが体現したものとして、二〇世紀半ばに至るまでアメリカの統合を支える根本のイデオロギーとなっていった。

一八六五年、著名な詩人、そしてコンコードの賢人として知られた思索家ラルフ・エマーソンは、リンカンを次のように追悼した。

彼はまさにアメリカ庶民そのものを体現する人物であった。……ケンタッキーに生まれ、開拓農地で育ち、船乗りとなり、対インディアン、ブラック・ホーク戦争に加わり、田舎の弁護士となり、あの草深いイリノイ州議会議員の道を歩んだ。そんなつましい生い立ちから……ゆっくりそして着実に大統領の地位にまでたどり着いたのである。……巷の庶民の一人であったが、その普通さのゆえに素晴らしい能力を備えていた。……彼は農民が利発(ロング・ヘッド)と呼ぶ能力を持った。厳しい太陽のもとの作業でも、独行で問題を解決していく能力を。さらに彼は、仕事をきちっと確実にやり遂げる並外れた力を持つすぐれた労働者であることを証明した。……いつも明るく、着実で、そして仕事に前向きに取り組み、何ものにも媚びない誠実さを示していたのである。

(Emerson, 1865 より)

このエマーソンのスピーチには、リンカンに仮託された形で広がる、アメリカ庶民そして知識人の理想が余すことなく語られていた。「リンカンの大統領就任は、人類が追い求める良識の、そして公共的精神の勝利であった」。王侯・貴族でなくまた貧者でもない「中間階級(ミドルクラス)の社会を目指すこの国は、ついに、その階級の大統領を持ったのである」。一九世紀の最後一八九〇年代半ばまで、共和党は、どの選挙でも自らを、資産家の政党であるとは謳わなかった。地道に働く労働を通して、やがては人を雇い家族を養い、次世代に繋いでいく職人・労働者、また農民の政党が共和党の、そしてアメリカの信条であるというのが標語であった(Peterson より)。

世紀転換期以降のリンカン神話

リンカンの内戦下の苦闘が無になっていったように、一九世紀のリンカン神話に仮託されたアメリカの理想と統合の理論は、実際には世紀転換期から二〇世紀初頭にまで続いた爆発的な工業化、産業社会への転換のもとで、大きく歪んでいった。近代的大企業組織という形で登場した資本の集中、労資の対立、集団・個人に見られた富の格差の拡大は、何より社会全体をも官僚化と、組織的社会へと変質させ、二〇世紀に入ってのアメリカ社会はリンカン神話が謳うような、自由で自力独行の庶民が充満する「たたき上げ」的社会とは質的に異なっていた。南北戦争後の再建の行き詰まり、そして社会の保守化はそのことを象徴的に示す変化であった。

しかし、二〇世紀に入ってもリンカン神話は、衰えなかった。労働力需要のためどの国よりも大量の移民を受け入れ、企業社会がなお柔軟で拡大的であったことが大きな要因であったが、同時に今一つの背景は、この国の組織的官僚機構のエリートが、リンカン神話をアメリカの統合理論として引き続き最大限に誇示したからであった。

歴代共和党大統領は一九三〇年代初めまで、リンカンの誕生日の二月九日、イリノイ・スプリングフィールドに出向いて彼の墓地に献花することを習わしとした。孤児でありながら著名な技術者、そして産業の組織化を進めた有能な行政官として第三一代大統領への道を切り拓いたハーバート・フーヴァー(在任一九二九〜三三)は、とりわけリンカンへの思い入れが強かった。第一次世界大戦直後フーヴァーは、社会主義、共産主義など革命的潮流が渦巻く、二〇世紀の混沌とする世界に対峙する立場で、アメリカが誇るべき理念「アメリカ個人主義」を賞揚した(以下 Hoover より)。

アメリカの目標はつねに「リンカンが求めた機会の平等」を保持することにある。ただしその理想とする個人の自由と独立とは、何の社会的機構・組織の整備もない中で維持されるものではない。自由を守るための例えば独占の規制など、「不当な」富の集積や支配を防ぐ多くの企業社会における組織的努力、また政治的規制をもって維持されるのだ、と。

フーヴァーが説く「アメリカ個人主義」とは、リンカン神話が描いた世界とは本質的に逆転した、組織された大企業社会と行政優位のもとの論理であった。富の暴走を排し競争の保持をもたらすことで、勤勉であるべきリンカン的個人は保全されるという、富の集積と管理の体制に対して馴致《じゅんち》した、自由・独立理念の創造であった。

フーヴァーと対となって同時期、繁栄する企業的アメリカのアイコンとなったのが自動車王ヘンリー・フォードであった。そして彼もまたリンカン神話の再生産者であった。一介の農業機械徒弟工から身を起こしたフォードは、一九一〇年代後半から、分業による労働の細分化、多くの単純労働の連結による組み立て生産方式によって世界の自動車生産を席巻した。二〇年代フォード社は、文字通り巨大企業の大量生産時代を切り拓くものであるとともに、巨大な官僚的産業組織そのものであった。

しかし社主フォードはなお、「自由な労働」と個人的「奉仕」を説いた。一九二二年彼は、ベストセラーとなった自伝の中で、「自らの意思で働き勤勉を通して高い賃金」を得ること、その自由な場を提供することがフォードの役割であると説き、伝統的アメリカ市民像を語りつづけた。アメリカには労働組合はいらない、と(Ford および拙著『始動する「アメリカの世紀」』より)。

二〇世紀の前半、リンカン神話はこのように強調され続けたが、その実相は保守化した企業社会に馴化《じゅんか》していた。規律と管理との共鳴のなかでイリノイ、オハイオなどの中西部諸州の他、ニューヨーク州などでも、リンカンの誕生日である二月九日が、州の休日とされた。

第二節　南部をも包含するものとして

ローズヴェルトとウィルソンのリンカン論

ちなみに一九世紀後半、リンカン神話が国民的信条となるうえで一つの障害があったとすれば、内戦に敗れた南部社会がリンカンを憎悪の対象でなく、慈父として受け入れるかどうかであった。二〇世紀初めまでに共和党の指導者たちはその点ではリンカン神話にさらに加工を施し、リンカンを南部にも受け入れうる国民的ヒーローに仕立て直していた。

南部社会は、世紀末までに上記した通り、独自の黒人差別隔離制度を整備した。それは本来南北戦争後に追及された人種混合社会を押しつぶそうとする、南部白人指導層の反動に他ならなかった。共和党はそれを当初唯々諾々と受容した訳ではなかった。しかし、世紀交替期から二〇世紀初めにかけて、共和党はリンカンの位置づけを変えることによって全く新しい対応を示した。その時期から彼らは、リンカンは死の直前南北の和解を説くことで、黒人を二等市民という近代的法体系のもとで隔離する南部の新しい人種政策の容認者でもあったとする、保守的国家再統合とリンカンとを、一対として称える議論を牽引し始めていた。

一九〇五年、フーヴァーよりさらにリンカンの伝統に直接つらなった共和党大統領シオドア・ローズヴェルト(一八五八―一九一九。在任一九〇一～〇九)は、しかしすでに、分裂と業火の内戦に耐える指導者ではなかった。合衆国の世界強国化を推進する、新時代の国民的指導者であろうとした。彼は、白色艦隊と呼称された合衆国海軍の壮麗な世界周航を企画した前夜、のちに「リンカンと人種問題」と題する、重要な内政向け議論を開示した。人種の問題はなるほど、一九世紀を通じて合衆国が抱えた最大の社会問題であった。しかしその最も困難な問題に対して、内戦後南部諸州が制度化した黒人隔離の政策は、人種関係を安定化させる合理的な社会秩序形成への努力であった。それは、リンカンが目指した南北の和解、統合への道であった、と(Roosevelt より)。

世界強国化を目論んだローズヴェルトの関心では、リンカンはもはや、いかなる意味でも合衆国内部に根深く存在する差別や不合理の批判者であってはならなかった。リンカンが求めた人民の共和国理念とは無関係に、資本主義制度の拡大と南部社会の人種隔離差別制度までが、リンカンが説いた近代化、そして南北和解の道筋だったとする大いなる物語が、二〇世紀に向けた国民統合の目的で創造された。

二〇世紀前半、リンカンの蛇行しながらも経験的であり、思索的であろうとした生き方は、ほとんどかえりみられることがなかった。そうではなく連邦の統合を回復した彼は、保守的合衆国の合意を支える最良の協調的人物として国民統合神話の中心に登った。われわれがみるワシントンDCのリンカン記念堂は、第一次世界大戦後の一九二二年、国民統一をことさらに説くナショナリズム、そして平常への復帰を謳った共和党政権のもとで完成した。

その融合的であるリンカン神話であれば、南部社会とくに有力者は、リンカンを統合シンボルとして受け入れるのに吝《やぶさ》かでなかった。その思想的軌跡を象徴したのが、一九一二年の大統領選挙でローズヴェルトに勝利し、第一次世界大戦期を舵取りした民主党大統領ウッドロー・ウィルソン(一八五六―一九二四。在任一九一三〜二一)であった。

ウィルソンは、南部連合国を支持する両親のもとヴァジニアに生まれ、南北戦争期から戦後の一八七〇年代半ばまでの少・青年期を、ジョージア、サウスカロライナで過ごした生粋の南部人であった。両州が内戦によって徹底的に破壊された地であったことも、想起しておこう。ニュージャージー・カレッジ(プリンストン大学)卒業後、メリーランドのジョンズ・ホプキンズ大で政治学者の道を歩んだ彼の声名を一八九〇年代に一挙に高めた仕事は、イギリス政治制度の研究と共に、一八二九年以降の一九世紀合衆国通史の叙述であった。九三年に初版が出版された『分裂と再統合』(増補版一九〇九、一九二一年)は、内戦さらに戦後再建期にまで及んだ緻密な歴史叙述として、ウィルソンの高い学問的資質を示す畢生の作品であった。しかしそこには南部人としての彼の誇りと信条も色濃くすりこまれていた。

彼は著作で、一九世紀末の合衆国の展開を「新国家 a new nation」の誕生の時代として描いた(以下 Wilson, 1909 より)。内戦後十余年にわたって続いた連邦軍の南部軍事占領が、南北指導者間の合意で終わった一八七七年は、前年に開催されたフィラデルフィア万国博覧会の開催と共に、「将来の合衆国を待ち受ける目覚ましい、平和と繁栄の時代のスタートの年であった」。巨大なまでの「産業拡大、繁栄の時代へと向かったばかりではない。統治のあり方も正常へと復帰した。共和党そして民主党という二大政党が南部を含めた国内の様々な勢力を正当に代表し、将来の国家の政策を決定する健全な機能を果たす時代へと入った」。

ウィルソンはそうした新国家に、内戦に敗れ疲弊した南部も乗り遅れなかったことを、誇るべきこととして書き入れた。その時期までに南部諸州は、連邦軍の南部占領を背景に跋扈《ばっこ》した、愚かで腐敗し、借金まみれとなった黒人を中心とするいわゆる「再建政府」を葬り、その後、憲法修正第一五条が規定した選挙権を黒人から取り上げた。ウィルソンによれば、それらは剝奪というより内戦後の混乱の中で南部が合理的に求めた白人支配の回復、「革新的」改革であった。民主党、共和党という新しい政党編成のもとで南部でも「北部と同様に、間断のない急速な経済発展に向けた成長への道が開かれ、国民精神が喚起されたのである」。

ウィルソンは、そうした一九世紀末の再統合と、共通の国民意識の形成の仕掛けを作ったのはリンカンであったとした。黒人選挙権などをめぐり「南部と北部とを分かった多くの争点に対し、「南部の意を汲んだ」意見の一致が形成されたことは、際立つ事実であった」。経済発展がそれをもたらす大きな要因であったが、同時にそれは、「ユニオンの自然的ばかりか何より精神的再統合を希求したあのリンカンの理念に、多くの思慮ある人々が沿おうとした結果であった」と。

一九一二年、ウィルソンは、その議論を引っ提げて、南北戦争後初めて南部人として大統領職を射止めた。ウィルソンの華麗なまでの同時代史叙述は、一方でローズヴェルトが描き出そうとした南北協調を強調する保守的リンカン神話を、南部の側から補強し、リンカン神話の幅を国民規模にまでダイナミックに広げた。合意的である国民精神と、そして国民統合の慈父としてのリンカン神話はそれによって完成態となった。

その状況は一九三〇年代の大恐慌期(世界恐慌期)に一時的に揺らいだが、第二次世界大戦期からの経済の回復、戦後の「コンセンサス時代」一九五〇年代を通して、国民意識として持続した。その間、南部の人種隔離差別政策は不可侵であり、改革的であったニューディーラーにとってもその差別政策を崩すことは容易でなかった。

新たなリンカン研究の開始

しかし、一九六〇年代に台頭した黒人市民権運動、またその後の多くのマイノリティの運動は、融合と統合を謳ったリンカン神話の訴求力を七〇年代までに急速に奪った。彼らの運動は、過去のアメリカの統合性を礼賛するのではなく、その分断的、抑圧的構造を鋭く暴く運動に他ならなかったからである。体制的であったリンカン像は民衆の手に取り戻されねばならなかった。一九六三年、マーティン・ルーサー・キング・ジュニアが行ったワシントン大行進、そして「私には夢がある」演説がリンカン記念堂に入るポーチから前庭で行われた事実は、象徴的であった。その設定は、市民権運動が、リンカンを民衆に取り戻し、奴隷制廃止の原理に立ち戻ろうとする新たな思想運動であることを表象するものであった。

一九七〇年代、国民意識を覆ったリンカン神話が色あせていった過程は、幅広い社会運動の台頭と共に、歴史研究の変化を刺激し、またそれに促進された動きであった。アメリカにおけるリンカン研究も、一九六〇年代後半から七〇年代にかけて大きな転機を迎えた。

一九五〇年代まで歴史家によるリンカン理解は、アメリカ政治社会思想史の第一人者リチャード・ホーフスタッター(Richard Hofstadter, 一九一六―九〇)が、見事に要約していた。四七年の著作で彼は、リンカンが素朴で正直な愛すべき政治家であったと認めたが、一方で、政治的位置取りでは小機転を働かす野心家であり、確固たる政治思想を持たない政治屋であったと断定した。リンカンは人間の自由と平等というアメリカ理念を繰り返し語った。しかし、彼と共和党にとって自由とは自力独行を目指す白人世界だけのものであった。リンカンは、奴隷制の地理的拡大を制限しなければ奴隷制が全国的になるという脅威を強調することで、奴隷制を道徳的領域から切り離して北部世論を扇動的に動員しようとしたのであり、彼にとっては白人自由労働者の自己利益のみが問題であった、と。

内戦勃発の原因と契機についてのホーフスタッターの議論は、社会の対立関係を重視するより、リンカンの政治性と共和党の戦略性を強調した点が特徴であった。一八六一年、リンカンは南部連合軍にサムター要塞を攻撃させることで、反乱者を極悪なものに仕立て、戦争を防禦の戦いとした。その仕掛けこそが、「リンカンが果たした最大の功績の一つだった」、と。

こうしてホーフスタッターは、リンカンにとり内戦は、万事が自由な白人労働者の世界の維持、その目的での連邦の維持という大義名分に従うものであったと結論した。リンカンが奴隷解放令に踏み切ったのは、戦中に奴隷制廃止を目指す急進派の圧力が増大し、それに譲歩することなくして戦争を継続し難くなったからであった。彼にとってそれは、白人の自由の政策に向けての「輝かしい戦術的後退」に他ならなかった、と。

以上、ホーフスタッターが描出した野心家リンカン像は、著者の鋭い人物・社会批評性のゆえに、一見すると、国民精神のシンボルたるリンカン神話と相反するように見えた。しかしその実、リンカンの白人優越主義を強調する彼の議論は、アメリカ社会の保守性、その下での白人統合の合意《コンセンサス》を称揚してきた二〇世紀半ばまでの政治社会状況を色濃く投射した、いわばリンカン神話と同一の認識基盤に立つ議論であった。

それに対し、一九六〇年代以降の変動を吸収して、新たな南北戦争研究またリンカン研究に取り組む動きは、リンカンに付きまとった白人優越主義や、奴隷制に対する優柔不断な態度を認めるなど、従来のリンカン研究の多くの論点を決して否定した訳ではなかった。しかし、新鋭のエリック・フォーナーらが決定的に五〇年代までの研究と異なったのは、南北戦争という内戦の意味、そして原因となった奴隷制に対する歴史的理解にあった。フォーナーは、二〇二四年現在コロンビア大学名誉教授である。以下は、一九七四年に発表された彼の記念碑的論文によるが、彼は実はホーフスタッターの愛弟子でもあった。師を超える形での彼の登場は、アメリカ歴史学界が七〇年代を機にいかに大きな変化を示してきたかも示す。

フォーナーは、一八六一年、南部一一州の離脱から始まった避けられなかった内戦を体制的政治対立とみる視点から立論した。それまでに合衆国は明確に近代化を目指していた。近代化は奴隷制を受け入れ難いものとする、新たな自由労働の政治イデオロギーを育んだのであり、他方、南部奴隷州は、台頭する自由労働イデオロギーまたアボリショニズムを南部の将来を腐食させる究極的脅威と捉えた。一九世紀半ばの政治勢力の編成を担う政党もその対立軸に沿って再編され、南北の内戦は、合衆国の将来を決する二つの選択肢の決定的対立となった。

内戦は根本において国家の将来を決する戦いであった。……各々が、保持すべきと信じる自らの社会を維持するために戦った。南部人は、奴隷保持者が作り上げた社会を維持するために。一方北部では、リンカンこそが人々の願望を代弁した。彼らは、出生時の地位に関わりなく、人々が社会的上昇と経済的改善を行いうるシステムの維持、拡大のために戦ったのである。

内戦開始までリンカンはたしかに、南部奴隷制の廃止にまでは踏み込まない二面的態度をとった。しかし、戦争が長期化した時、リンカンさらに共和党は、合衆国の将来展望を開くには自由労働の原理を貫徹し奴隷制の廃止を決断する以外に、道がないという判断を固めた。リンカンらは、政治的に純化せざるを得なかったのであり、それが歴史的な意味で内戦の赴いた方向であった。

内戦期にリンカンがみせた変化を抉り出すように、フォーナーはその後の研究でも次のように言う。民主的統治を掲げる合衆国にとって政治は決定的に重要であり、リンカンはそのことを十分に理解していた。リンカンは、奴隷制の廃止を決断したばかりか、さらに黒人を解放するのであれば、奴隷制廃止後の合衆国社会をいかなる方向に向けて牽引するかという、奴隷制廃止後の社会をも展望しなければならなかった。

多様な利益と政治の重要さを熟知するリンカンは、あくまで漸進的であっても民主主義という基盤の枠で公正と正義に向けての人種関係改善への提言、制度化を怠ってはならないと決意した。その方向づけこそが、南北戦争の最終的成果である三つの憲法修正へと結実したのである、と(Foner, 2010より)。

リンカンを、多くの制約を含みながらも、時代を見通そうとして変化を恐れなかった思索的政治家として位置づけることで、フォーナー以後の研究はこの政治家をアメリカ政治社会史の流れに動態として、彼の限界と共に変化を描出する研究として一新された。本書も、すでに述べたように、一九七〇年代以降のリンカン、そして南北戦争史研究に依拠したうえで、今日の史料状況に照らして、幾分かの新たな知見を付け加えようとするものであった。その成果は、大方の批判を待つほかないが。

いずれにせよリンカン理解の再生をも目指す近年の歴史研究は、近代史を避け難い力が働く政治経済社会総体の動きと捉える一方、その下でも最大限に歴史的展望を模索し、あるいは社会的公正のために動こうとした人々や国民指導者の政治的想像力を読み取ろうとする研究として、われわれに多くのことを教えている。

第三節　現代における政治の復権に向けて

二一世紀前半の今日、アメリカと世界は、これまでにない厳しい社会的分裂と人種・民族対立に直面している。そしてその分裂と対立がアメリカの場合、一九世紀末から二〇世紀前半にかけて体制的指導者が進めた国民統合の漸次的破綻によるものであることも、徐々に明らかになりつつある。二〇世紀半ばから目立ち始めたのは、レトリックだけの統合に素直に従わない様々なマイノリティの抗議の表明、あるいは彼らの地位改善の運動であったが、そうした運動の拡大に対し、一九八〇年代以降既存の統合勢力は、自らの堡塁を守るために新自由主義を謳い、不満に対して暴力的なまでの言説や制度の改変を通して異論を排除する行動に出ていた(古矢などを参照)。

アメリカの経済的、また軍事上の世界的優位に陰りが見え始めたことが、彼らの暴力性を加速させた背景でもあった。世紀が替わり、九・一一事件から始まった二〇〇〇年代、共和党ジョージ・W・ブッシュ政権が始めた異様な排外的対外行動は、その延長に位置付けてよく、二〇一〇年代後半に内政面でその排他性と暴力性を引き継いだのが、共和党右派とドナルド・トランプ現象であったろう。大衆の激情を操ろうとする彼らによって、もはや客観的また科学的事実は、意味ないもののように歪曲された。

現在、二〇世紀後半以降の新自由主義の暴走が生み出した富と社会的威信の醜いまでの格差拡大、その固定化が、一部での教育の貧困化とともに、進行している。ラストベルトと呼ばれる旧工業地域では白人労働者、中産階級が没落し、彼らとマイノリティの経済的区分は判別し難い(堤未果の著書などを参照)。そうした貧困層全体の拡大は、民族や人種の対立を激化させ、他者の人権の無視、さらには移民などがもちこむ生活様式の変化に対する不寛容を極大化している。

社会の底辺に渦巻く今日の対立は、一九世紀半ば合衆国が直面した自由な労働が奴隷制と対峙した根本的対立とも比較できるような、政治共同体としての分裂の危機にみえる。しかも今日最も深刻なのは、トランプ現象に対抗し、「リベラル」を自称する民主党穏健派の言説が、実は競争の自由を謳い続け、既存のエリート的価値の保持のみを至上として、社会的認識や価値の再検討に無関心な点であろう。二〇二四年、ガザ戦争を拡大するイスラエルをバイデン政権が支援し続ける姿は、歴史的なリベラルという名に値しないまでに、醜悪という他ない。

民主主義にとって政治とは、先鋭化する対立状況をあおり、混迷を加速させるだけのものなのだろうか。なるほど近代アメリカ民主主義は、政治が、社会に広がる多様な利益を活発に代弁する、諸勢力の葛藤の場であることを容認してきた。しかし、その政治アリーナでは、互いに共同の関係性で繋がる統合体を意識し、他者の人権を認めるという寛大と公正規範も、民主主義が課す最低限の合意であった。

加えて言えば、政治家そして政治には、絶えず固定化し、既成化する価値観や現状を批判的に精査し、その再検討を通して分裂を克服する、統治機構としての責任が課せられているはずなのである。変化をもたらすグループ形成は、彼らが担うべき課題であろう。

一九世紀の半ばリンカンが業火の試練の中で進めたのは、まさにその、公正と正義に基づいての共同体的社会価値の再構築に他ならなかった。彼は奴隷制の廃止にまで進み、さらには、廃止後の社会のあり方にまで展望を広げて、新たな合意形成を目指した。

現代において、リンカンが挑んだ民主主義のための苦闘を多面的に跡付ける作業は、単に歴史研究の問題だけではない。今日のアメリカ社会また現代世界が、無残なまでに露出する近代の行き詰まりを見つめ直す意味で、取り組むべき課題にみえる。民主主義の生き残りそのものが、その課題を緊急としているのだから。

史料・参考文献一覧

I 史料

1. 基礎史料

Basler, Roy P., ed., *The Collected Works of Abraham Lincoln*, 8 vols. and Index (Rutgers University Press, 1953-1955).

——, *The Collected Works of Abraham Lincoln, Supplement 1832-1865* (Greenwood Press, 1974).

——, and Christian O. Basler, eds., *The Collected Works of Abraham Lincoln, Second Supplement* 1848-1865 (Rutgers University Press, 1990).

Sumner, Charles, *The Complete Works of Charles Sumner*, with introduction by Hon. George Frisbie Hoar, 20 vols. (Lee & Shepard, 1900).

U.S. Congress, *The Congressional Glove*, 30th-37th Cong., 1847-1865 (the Globe Office for the editors).

2. リンカンの近親者による伝記

Herndon, William H., and Jesse W. Weik, *Herndon's Lincoln*, edited by Douglas L. Wilson, and Rodney O. Davis (University of Illinois Press, 2006). 原書 1892 年刊

Nicolay, John G., and John Hay, *Abraham Lincoln: A History*, 10 vols. (Century Co., 1886-90, 1914). 客観的記述として信頼性の高いものであり，本書はこれを多く参照した

3. その他

Frederick Douglass の論説については，すべてインターネットによってアクセスが可能である．また上記 Basler, Roy P., ed., *The Collected Works of Abraham Lincoln* についても，Abraham Lincoln Presidential Library and Museum が提供するインターネット・デジタル・サーヴィス（https://presidentlincoln.illinois.gov）を通して，簡便にアクセスできる．その他，同 Lincoln Library はリンカンに関わる同時代紙誌 *Sangamon Journal* など，貴重な史料を提供している

Ⅱ参考文献(一部，史料として使ったものも含む)

井出義光『リンカン――南北分裂の危機に生きて』清水書院，1984年
紀平英作『奴隷制廃止のアメリカ史』岩波書店，2022年
――『始動する「アメリカの世紀」――両大戦間期のアメリカと世界』山川出版社，2024年
――亀井俊介『アメリカ合衆国の膨張』中央公論社，『世界の歴史』第23巻，1998年刊．(文庫版，中央公論新社，2008年)
堤未果『ルポ 貧困大国アメリカ』岩波書店，2008年
――『(株)貧困大国アメリカ』岩波書店，2013年
古矢旬『グローバル時代のアメリカ――冷戦時代から21世紀』シリーズ アメリカ合衆国史④，岩波書店，2020年
本間長世『リンカーン――アメリカ民主政治の神話』中央公論社，1968年
――『正義のリーダーシップ――リンカンと南北戦争の時代』NTT出版，2004年
山岸義夫『南北戦争研究序説』ミネルヴァ書房，1973年
山本幹雄『リンカーン――風化の像』世界思想社，1984年

Belz, Herman, *Reconstructing the Union: Theory and Policy during the Civil War* (Cornell University Press, 1969).

Blight, David W., *Frederick Douglass: Prophet of Freedom* (Simon & Schuster, 2018).

Brauer, Kinley J., "British Mediation and the American Civil War: A Reconsideration," *Journal of Southern History*, vol. 38 (Feb. 1972).

Burlingame, Michael, *Abraham Lincoln: A Life*, 2 vols (Johns Hopkins University Press, 2013).

Carroll, Francis M., "The American Civil War and British Intervention: The Threat of Anglo-American Conflict," *Canadian Journal of History*, vol. 47 (Spring-Summer, 2012).

Carwardine, Richard J., *Lincoln: A Life of Purpose and Power* (Vintage, 2003).

Crofts, Daniel W., *Lincoln and the Politics of Slavery: The Other Thirteenth Amendment and the Struggle to Save the Union* (University of North

Carolina Press, 2016).
Donald, David, *Charles Sumner and the Coming of the Civil War* (Knopf, 1960).
――, *Charles Sumner and the Rights of Man* (Knopf, 1970).
Douglas, Stephen A., "The Dividing Line between Federal and Local Authority: Popular Sovereignty in the Territories," *Harper's New Monthly Magazine*, vol. 19 (Sept. 1859).
Emerson, Ralph Waldo, "Abraham Lincoln," Remarks at the Funeral Service held in Concord, April 19, 1865.
Escott, Paul D., *Lincoln's Dilemma: Blair, Sumner, and the Republican Struggle over Racism and Equality in the Civil War Era* (University of Virginia Press, 2014).
Fehrenbacher, Don E., *Prelude to Greatness: Lincoln in the 1850's* (McGraw-Hill, 1962).
Foner, Eric, *Free Soil, Free Labor, Free Men: The Ideology of the Republican Party before the Civil War* (Oxford University Press, 1970).
――, "The Causes of the American Civil War: Recent Interpretations and New Directions," *Civil War History*, vol. 20 (Sept. 1974).
――, *The Story of American Freedom* (W. W. Norton, 1998). 横山良ほか訳『アメリカ 自由の物語――植民地時代から現代まで』上・下，岩波書店，2008年
――, *The Fiery Trial: Abraham Lincoln and American Slavery* (W. W. Norton, 2010). 森本奈理訳『業火の試練――エイブラハム・リンカンとアメリカ奴隷制』白水社，2013年
Ford, Henry, *My Life and Work* (Doubleday, Page, 1922).
Gienapp, William E., *Abraham Lincoln and Civil War America: A Biography* (Oxford University Press, 2002).
Harris, Leslie M., *In the Shadow of Slavery: African Americans in New York City, 1626-1863* (University of Chicago Press, 2003).
Hofstadter, Richard, *The American Political Tradition and the Men Who Made It* (Knopf, 1947). とくに第5章「エイブラハム・リンカーンと自力独行の神話」. 田口富久治・泉昌一訳『アメリカの政治的伝統――その形成者たち』1，岩波書店，1959年

Hoover, Herbert, *American Individualism* (Doubleday, Page, 1922).

Johannsen, Robert W., *Stephen A. Douglas* (Oxford University Press, 1973).

Kateb, George, *Lincoln's Political Thought* (Harvard University Press, 2015).

Kettner, James H., *The Development of American Citizenship, 1608-1870* (University of North Carolina Press, 1978).

Kross, Peter, "The Confederate Secret Service," *Warfare History Network,* July 2014 (https://warfarehistorynetwork.com).

McCrary, Peyton, *Abraham Lincoln and Reconstruction: The Louisiana Experiment* (Princeton University Press, 1978).

McPherson, James M., *Battle Cry of Freedom: The Civil War Era* (Oxford University Press, 1988).

——, *Abraham Lincoln and the Second American Revolution* (Oxford University Press, 1991).

——, "No Peace without Victory, 1861-1865," *American Historical Review,* vol. 109 (Feb. 2004).

Mill, John S., *On Liberty* (1859: Reprint, 2015: Broadview Editions). 塩尻公明・木村健康訳『自由論』岩波書店, 1971年

Neely, Mark E. Jr., *The Last Best Hope of Earth: Abraham Lincoln and the Promise of America* (Harvard University Press, 1993).

Olien, Michael D., "United States Colonization Programs for Blacks in Latin America during the 19th Century," *Contributions of the Latin American Anthropology Group*, vol. 1 (Oct. 1976).

Peterson, Merrill D., *Lincoln in American Memory* (Oxford University Press, 1994).

Rogers, Melvin L., and Jack Turner, eds., *African American Political Thought: A Collected History* (The University of Chicago Press, 2021).

Roosevelt, Theodore, "Lincoln and the Race Problem," *Nineteen Annual Lincoln Dinner of the New York City Republican Club as a Tribute to Abraham Lincoln*, Feb. 13, 1905.

Schwartz, Barry. *Abraham Lincoln and the Forge of National Memory* (University of Chicago Press, 2003).

Stauffer, John, *Giants: The Parallel Lives of Frederick Douglass and Abraham Lincoln* (Twelve, 2008).

Vorenberg, Michael, *Final Freedom: The Civil War, The Abolition of Slavery, and The Thirteenth Amendment* (Cambridge University Press, 2001).

Walker, David, *An Appeal, in Four Articles, together with a Preamble to the Colored Citizens of the World, but in Particular, and Very Expressly, to Those of the United States of America* (1829: reprint, Arno Press, 1969).

Weld, Theodore Dwight, *American Slavery as it is: Testimony of a Thousand Witnesses* (Arno Press, 1968: originally published 1839).

Wilson, Douglas L. and Rodney O. Davis, eds., *Herndon's Informants: Letters, Interviews, and Statements about Abraham Lincoln*, edited by with the assistance of Terry Wilson (University of Illinois Press, 1998).

Wilson, Douglas L., *Honor's Voice: The Transformation of Abraham Lincoln* (Alfred A. Knopf, 1998).

Wilson, Woodrow, *Division and Reunion, 1829–1889* (Longman, Green, 1893: Rev. and enl. ed. 1909, 1921).

Woods, Michael E., "What Twenty-First-Century Historians Have Said about the Causes of Disunion: A Civil War Sesquicentennial Review of the Recent Literature," *The Journal of American History*, vol. 99 (Sept. 2012).

紀平英作

京都大学名誉教授．歴史家(近現代世界史)．1946年生まれ．京都大学文学部史学科現代史学専攻卒．博士(文学)
主著－『ニューディール政治秩序の形成過程の研究――20世紀アメリカ合衆国政治社会史研究序説』(京都大学学術出版会，1993年)，『パクス・アメリカーナへの道――胎動する戦後世界秩序』(山川出版社，1996年)，『世界の歴史 第23巻 アメリカ合衆国の膨張』(亀井俊介氏との共著，中央公論社，1998年．のち中公文庫，2008年)，『ニュースクール――20世紀アメリカのしなやかな反骨者たち』(岩波書店，2017年)，『奴隷制廃止のアメリカ史』(岩波書店，2022年)，『始動する「アメリカの世紀」――両大戦間期のアメリカと世界』(山川出版社，2024年)など

リンカン―「合衆国市民」の創造者　岩波新書(新赤版)2054

2025年2月20日　第1刷発行

著　者　紀平英作《きひらえいさく》

発行者　坂本政謙

発行所　株式会社 岩波書店
〒101-8002 東京都千代田区一ツ橋2-5-5
案内 03-5210-4000　営業部 03-5210-4111
https://www.iwanami.co.jp/

新書編集部 03-5210-4054
https://www.iwanami.co.jp/sin/

印刷製本・法令印刷　カバー・半七印刷

ISBN 978-4-00-432054-8　Printed in Japan

岩波新書新赤版一〇〇〇点に際して

ひとつの時代が終わったと言われて久しい。だが、その先にいかなる時代を展望するのか、私たちはその輪郭すら描きえていない。二〇世紀から持ち越した課題の多くは、未だ解決の緒を見つけることのできないままであり、二一世紀が新たに招きよせた問題も少なくない。グローバル資本主義の浸透、憎悪の連鎖、暴力の応酬——世界は混沌として深い不安の只中にある。

現代社会においては変化が常態となり、速さと新しさに絶対的な価値が与えられた。消費社会の深化と情報技術の革命は、種々の境界を無くし、人々の生活やコミュニケーションの様式を根底から変容させてきた。ライフスタイルは多様化し、一面では個人の生き方をそれぞれが選びとる時代が始まっている。同時に、新たな格差が生まれ、様々な次元での亀裂や分断が深まっている。社会や歴史に対する意識が揺らぎ、普遍的な理念に対する根本的な懐疑や、現実を変えることへの無力感がひそかに根を張りつつある。そして生きることに誰もが困難を覚える時代が到来している。

しかし、日常生活のそれぞれの場で、自由と民主主義を獲得し実践することを通じて、私たち自身がそうした閉塞を乗り超え、希望の時代の幕開けを告げてゆくことは不可能ではあるまい。そのために、いま求められていること——それは、個と個の間で開かれた対話を積み重ねながら、人間らしく生きることの条件について一人ひとりが粘り強く思考することではないか。その営みの糧となるものが、教養に外ならないと私たちは考える。歴史とは何か、よく生きるとはいかなることか、世界そして人間はどこへ向かうべきなのか——こうした根源的な問いとの格闘が、文化と知の厚みを作り出し、個人と社会を支える基盤としての教養となった。まさにそのような教養への道案内こそ、岩波新書が創刊以来、追求してきたことである。

岩波新書は、日中戦争下の一九三八年一一月に赤版として創刊された。創刊の辞は、道義の精神に則らない日本の行動を憂慮し、批判的精神と良心的行動の欠如を戒めつつ、現代人の現代的教養を刊行の目的とする、と謳っている。以後、青版、黄版、新赤版と装いを改めながら、合計二五〇〇点余りを世に問うてきた。そして、いままた新赤版が一〇〇〇点を迎えたのを機に、人間の理性と良心への信頼を再確認し、それに裏打ちされた文化を培っていく決意を込めて、新しい装丁のもとに再出発したいと思う。一冊一冊から吹き出す新風が一人でも多くの読者の許に届くこと、そして希望ある時代への想像力を豊かにかき立てることを切に願う。

（二〇〇六年四月）

現代世界

トルコ 建国一〇〇年の自画像　内藤正典
サピエンス減少　原俊彦
ウクライナ戦争をどう終わらせるか　東大作
ルポ アメリカの核戦力　渡辺丘
ミャンマー現代史　中西嘉宏
アメリカとは何か 自画像と世界観をめぐる相剋　渡辺靖
タリバン台頭　青木健太
ネルソン・マンデラ　堀内隆行
日韓関係史　木宮正史
文在寅時代の韓国　文京洙
アメリカ大統領選　久保文明・金成隆一
イスラームからヨーロッパをみる　内藤正典
アメリカの制裁外交　杉田弘毅
ルポ トランプ王国2　金成隆一
2100年の世界地図 アフラシアの時代　峯陽一

フォト・ドキュメンタリー 朝鮮に渡った「日本人妻」　林典子
サイバーセキュリティ◆　谷脇康彦
トランプのアメリカに住む　吉見俊哉
ライシテから読む現代フランス　伊達聖伸
ベルルスコーニの時代　村上信一郎
イスラーム主義　末近浩太
ルポ 不法移民 アメリカ国境を越えた男たち　田中研之輔
習近平の中国 百年の夢と現実　林望
日中漂流　毛里和子
中国のフロンティア　川島真
シリア情勢　青山弘之
ルポ トランプ王国　金成隆一
ルポ 難民追跡 バルカンルートを行く　坂口裕彦
アメリカ政治の壁　渡辺将人
プーチンとG8の終焉◆　佐藤親賢
香港 中国と向き合う自由都市　倉田徹・張彧暋
〈文化〉を捉え直す　渡辺靖

イスラーム圏で働く　桜井啓子編
中南海 知られざる中国の中枢◆　稲垣清
フォト・ドキュメンタリー 人間の尊厳　林典子
㈱貧困大国アメリカ　堤未果
女たちの韓流　山下英愛
中国の市民社会◆　李妍焱
勝てないアメリカ◆　大治朋子
ブラジル 跳躍の軌跡　堀坂浩太郎
非アメリカを生きる◆　室謙二
ジプシーを訪ねて　関口義人
中国エネルギー事情　郭四志
アメリカン・デモクラシーの逆説　渡辺靖
ルポ 貧困大国アメリカⅡ　堤未果
平和構築　東大作
イスラエル　臼杵陽
アフリカ・レポート　松本仁一
ヴェトナム新時代　坪井善明
ルポ 貧困大国アメリカ　堤未果

岩波新書より

経済

環境とビジネス　白井さゆり
スタートアップとは何か　加藤雅俊
財政と民主主義　神野直彦
ドキュメント 異次元緩和　西野智彦
ケインズ 危機の時代の実践家　伊藤宣広
循環経済入門　笹尾俊明
新・金融政策入門　湯本雅士
アフター・アベノミクス　軽部謙介
応援消費　水越康介
人の心に働きかける経済政策　翁邦雄
金融サービスの未来　新保恵志
日本経済図説〔第五版〕　宮崎勇　本庄真　田谷禎三
好循環のまちづくり!　枝廣淳子
グローバル・タックス　諸富徹
世界経済図説〔第四版〕　宮崎勇　田谷禎三
日本経済30年史 バブルからアベノミクスまで　山家悠紀夫
行動経済学の使い方　大竹文雄
日本のマクロ経済政策　熊倉正修
ゲーム理論入門の入門　鎌田雄一郎
平成経済 衰退の本質　金子勝
幸福の増税論　井手英策
日本の税金〔第3版〕　三木義一
戦争体験と経営者　立石泰則
金融政策に未来はあるか　岩村充
データサイエンス入門　竹村彰通
経済数学入門の入門　田中久稔
地元経済を創りなおす　枝廣淳子
会計学の誕生◆　渡邉泉
偽りの経済政策　服部茂幸
ミクロ経済学入門の入門　坂井豊貴
経済学のすすめ　佐和隆光
ガルブレイス　伊東光晴
ポスト資本主義 科学・人間・社会の未来　広井良典
日本の納税者◆　三木義一
タックス・イーター　志賀櫻
コーポレート・ガバナンス◆　花崎正晴
グローバル経済史入門　杉山伸也
アベノミクスの終焉◆　服部茂幸
新・世界経済入門　西川潤
金融政策入門◆　湯本雅士
新自由主義の帰結◆　服部茂幸
タックス・ヘイブン　志賀櫻
WTO 貿易自由化を超えて◆　中川淳司
日本財政 転換の指針◆　井手英策
成熟社会の経済学　小野善康
平成不況の本質　大瀧雅之
原発のコスト◆　大島堅一
「分かち合い」の経済学　神野直彦
グリーン資本主義　佐和隆光
国際金融入門〔新版〕　岩田規久男
ビジネス・インサイト◆　石井淳蔵
金融商品とどうつき合うか　新保恵志

岩波新書より

社会

- 不適切保育はなぜ起こるのか　普光院亜紀
- なぜ難民を受け入れるのか　橋本直子
- 罪を犯した人々を支える　藤原正範
- 女性不況サバイバル　竹信三恵子
- パリの音楽サロン　青柳いづみこ
- 持続可能な発展の話　宮永健太郎
- 皮革とブランド　変化するファッション倫理　西村祐子
- 動物がくれる力　教育、福祉、そして人生　大塚敦子
- 政治と宗教　島薗進編
- 超デジタル世界　西垣通
- 現代カタストロフ論　金子勝・児玉龍彦
- 「移民国家」としての日本　宮島喬
- 迫りくる核リスク　〈核抑止〉を解体する　吉田文彦
- 記者がひもとく「少年」事件史　川名壮志
- 中国のデジタルイノベーション　小池政就
- これからの住まい　川崎直宏
- 検察審査会　デイビッド・T・ジョンソン・平山真理・福来寛
- ドキュメント〈アメリカ世〉の沖縄　宮城修
- 東京大空襲の戦後史　栗原俊雄
- 土地は誰のものか　五十嵐敬喜
- 民俗学入門　菊地暁
- 企業と経済を読み解く小説50　佐高信
- 視覚化する味覚　久野愛
- ロボットと人間　人とは何か　石黒浩
- ジョブ型雇用社会とは何か　濱口桂一郎
- 法医学者の使命　「人の死を生かす」ために　吉田謙一
- 異文化コミュニケーション学　鳥飼玖美子
- モダン語の世界へ　山室信一
- 時代を撃つノンフィクション100　佐高信
- 労働組合とは何か　木下武男
- プライバシーという権利　宮下紘
- 地域衰退　宮﨑雅人
- 江戸問答　田中優子・松岡正剛
- 広島平和記念資料館は問いかける　志賀賢治
- コロナ後の世界を生きる　村上陽一郎編
- リスクの正体　神里達博
- 紫外線の社会史　金凡性
- 「勤労青年」の教養文化史　福間良明
- 5G　次世代移動通信規格の可能性　森川博之
- 客室乗務員の誕生　山口誠
- 「孤独な育児」のない社会へ　榊原智子
- 放送の自由　川端和治
- 社会保障再考　〈地域〉で支える　菊池馨実
- 生きのびるマンション　山岡淳一郎
- 虐待死　なぜ起きるのか、どう防ぐか　川崎二三彦
- 平成時代◆　吉見俊哉

岩波新書より

バブル経済事件の深層　奥山俊宏／村山治
日本をどのような国にするか　丹羽宇一郎
なぜ働き続けられない？ 社会と自分の力学　鹿嶋敬
物流危機は終わらない　首藤若菜
認知症フレンドリー社会　徳田雄人
アナキズム 一丸となってバラバラに生きろ　栗原康
総介護社会　小竹雅子
賢い患者　山口育子
住まいで「老活」　安楽玲子
現代社会はどこに向かうか　見田宗介
EVと自動運転 クルマをどう変えるか　鶴原吉郎
ルポ 保育格差◆　小林美希
棋士とAI　王銘琬
科学者と軍事研究　池内了
原子力規制委員会　新藤宗幸
東電原発裁判　添田孝史
日本問答　田中優子／松岡正剛

日本の無戸籍者　井戸まさえ
〈ひとり死〉時代のお葬式とお墓　小谷みどり
町を住みこなす　大月敏雄
歩く、見る、聞く 人びとの自然再生　宮内泰介
対話する社会へ　暉峻淑子
悩みいろいろ　金子勝
魚と日本人 食と職の経済学　濱田武士
ルポ 貧困女子　飯島裕子
鳥獣害 動物たちと、どう向きあうか　祖田修
科学者と戦争　池内了
新しい幸福論　橘木俊詔
ブラックバイト 学生が危ない　今野晴貴
ルポ 母子避難　吉田千亜
日本病 長期衰退のダイナミクス◆　金子勝／児玉龍彦
雇用身分社会　森岡孝二
生命保険とのつき合い方◆　出口治明
ルポ にっぽんのごみ　杉本裕明

鈴木さんにも分かる ネットの未来　川上量生
地域に希望あり◆　大江正章
世論調査とは何だろうか◆　岩本裕
フォト・ストーリー 沖縄の70年　石川文洋
ルポ 保育崩壊　小林美希
多数決を疑う 社会的選択理論とは何か　坂井豊貴
アホウドリを追った日本人　平岡昭利
朝鮮と日本に生きる　金時鐘
被災弱者　岡田広行
農山村は消滅しない　小田切徳美
復興〈災害〉　塩崎賢明
「働くこと」を問い直す　山崎憲
原発と大津波 警告を葬った人々　添田孝史
縮小都市の挑戦◆　矢作弘
福島原発事故 被災者支援政策の欺瞞◆　日野行介
日本の年金◆　駒村康平
食と農でつなぐ 福島から◆　岩崎由美子／塩谷弘康

岩波新書より

哲学・思想

社会学の新地平	佐藤俊樹
言語哲学がはじまる	野矢茂樹
アリストテレスの哲学	中畑正志
スピノザ	國分功一郎
哲人たちの人生談義 ストア哲学をよむ	國方栄二
西田幾多郎の哲学	小坂国継
死者と霊性	末木文美士編
道教思想10講	神塚淑子
マックス・ヴェーバー	今野元
新実存主義	マルクス・ガブリエル 廣瀬覚訳
日本思想史	末木文美士
ミシェル・フーコー	慎改康之
ヴァルター・ベンヤミン	柿木伸之
モンテーニュ 人生を旅するための7章	宮下志朗
マキァヴェッリ	鹿子生浩輝
世界史の実験	柄谷行人
ルイ・アルチュセール	市田良彦
異端の時代	森本あんり
ジョン・ロック	加藤節
インド哲学10講	赤松明彦
マルクス 資本論の哲学	熊野純彦
日本文化をよむ 5つのキーワード◆	藤田正勝
中国近代の思想文化史	坂元ひろ子
憲法の無意識	柄谷行人
ホッブズ リヴァイアサンの哲学者	田中浩
プラトンとの哲学 対話篇をよむ◆	納富信留
〈運ぶヒト〉の人類学	川田順造
哲学の使い方	鷲田清一
ヘーゲルとその時代	権左武志
人類哲学序説	梅原猛
加藤周一	海老坂武
哲学のヒント◆	藤田正勝
空海と日本思想◆	篠原資明
論語入門	井波律子
トクヴィル 現代へのまなざし	富永茂樹
和辻哲郎	熊野純彦
宮本武蔵	魚住孝至
丸山眞男	苅部直
西洋哲学史 近代から現代へ	熊野純彦
西洋哲学史 古代から中世へ	熊野純彦
世界共和国へ	柄谷行人
悪について	中島義道
神、この人間的なもの◆	なだいなだ
プラトンの哲学	藤沢令夫
術語集Ⅱ	中村雄二郎
マックス・ヴェーバー入門	山之内靖
ハイデガーの思想	木田元
臨床の知とは何か	中村雄二郎
新哲学入門◆	廣松渉
「文明論之概略」を読む 上・中・下	丸山真男
術語集	中村雄二郎

(2024. 8)　　◆は品切，電子書籍版あり．(J1)